LÉON DAUDET
DE L'ACADÉMIE GONCOURT

L'HÉCATOMBE

RÉCITS ET SOUVENIRS
POLITIQUES
1914-1918

PARIS
NOUVELLE LIBRAIRIE NATIONALE
3, Place du Panthéon, 3

26ᵉ mille

L'HÉCATOMBE

DU MÊME AUTEUR

A LA NOUVELLE LIBRAIRIE NATIONALE

Une campagne d'Action Française.
L'Avant-Guerre.
Fantômes et Vivants, 1re série des *Souvenirs.*
Devant la Douleur, 2e — — —
L'Entre-deux-Guerres, 3e — — —
Salons et Journaux, 4e — — —
Au temple de Judas, 5e — — —
Vers le Roi, 6e — — —
Souvenirs (Un volume in-8º contenant les quatre premières
    séries). .
Hors du Joug allemand.
L'Hérédo.
La Guerre totale.
Le Poignard dans le dos.
Le Monde des Images.
Les OEuvres dans les Hommes.
Les Dicts et Pronostiquations d'Alcofribas II.
Le Stupide XIXe Siècle.

CHEZ E. FASQUELLE

Germe et Poussière.   *La Fausse Etoile.*
Hœrès.   *Sébastien Gouvès.*
L'Astre noir.   *La Romance du temps présent.*
Les Morticoles.   *La Déchéance.*
Les Kamtchatka.   *Le Partage de l'Enfant.*
Les Idées en marche.   *Les Primaires.*
Le Voyage de Shakespeare.   *La Lutte.*
Suzanne.   *La Mésentente.*
La Flamme et l'Ombre.   *Le Lit de Procuste.*

Alphonse Daudet.

CHEZ A. FAYARD

Ceux qui montent.   *La Vermine du Monde.*

CHEZ E. FLAMMARION

La France en alarme.   *Le Cœur et l'Absence.*
Le Pays des Parlementeurs.   *Le Bonheur d'être riche.*
Dans la lumière.   *L'Amour est un songe.*

Sylla et son destin.

LÉON DAUDET

De l'Académie Goncourt

L'HÉCATOMBE

RÉCITS ET SOUVENIRS
POLITIQUES
1914-1918

PARIS

NOUVELLE LIBRAIRIE NATIONALE

13, Place du Panthéon, 3

MCMXXIII

JUSTIFICATION
DES ÉDITIONS ET TIRAGES

La première édition de cet ouvrage a été faite à :

12 exemplaires sur Japon Impérial, numérotés de I à XII.

50 exemplaires sur Hollande, numérotés de XIII à LXII.

100 exemplaires sur Arches, numérotés de 1 à 100.

200 exemplaires sur vergé pur fil Lafuma, numérotés de 101 à 300.

1.200 exemplaires sur vélin alfa teinté des papeteries Outhenin-Chalandre.

Le premier tirage de la 2º édition a été fait à 11.000 exemplaires.

Le deuxième tirage de la 2e édition a été fait à 11.000 exemplaires le 16 Juin 1923; le présent exemplaire appartient au troisième tirage de la 2e édition dont le bon à tirer à 5.500 a été donné le 23 Juin 1923.

A LA CHÈRE ET GLORIEUSE MÉMOIRE

de

Marius PLATEAU

HÉROS DE LA GUERRE

MON AMI ET MON COLLABORATEUR

assassiné en son bureau, à Paris

le 22 Janvier 1923

par une fille perdue, anarchiste et policière,

qui servait l'intérêt allemand.

Léon DAUDET

L'HÉCATOMBE

Chapitre premier

COMMENT VINT LA GUERRE.

Le vendredi 24 juillet 1914, me trouvant chez ma mère, en Touraine (comme tous les ans à pareille époque), avec ma petite famille, je reçus, vers sept heures, un coup de téléphone du commandant Biot, secrétaire de rédaction de *l'Action française*, m'annonçant la remise de l'ultimatum de l'Autriche à la Serbie. Presque aussitôt la voix de Jacques Bainville énonça, dans le fil, ces mots laconiques : « L'affaire, cette fois, paraît sérieuse. » On sait que l'auteur de *l'Histoire de deux peuples* n'use jamais d'un terme forcé.

Le lendemain, à midi, la lecture des journaux de Paris, et notamment du nôtre, ne nous laissa, à ma femme et à moi, aucun doute. C'était la guerre européenne, prévue et redoutée de longue date, et contre laquelle Maurras et Vaugeois, depuis quinze ans, cherchaient la seule parade possible : la monarchie reconstituée. Que d'articles, que de livres publiés en vue de sauver *in extremis* deux générations de jeunes Français ! Citons seulement *Kiel et Tanger* de Maurras, *le Coup d'Agadir et la question d'Orient* de Bainville, *les Causes politiques de désastre :* 1870, par Léon de Montesquiou et *l'Avant-Guerre* de celui qui écrit ceci, publiée le 4 mars 1913. Dans la *Revue d'Action française* bimensuelle du 15 juillet 1914, Bainville, sous ce titre, *le Rêve serbe*, annonçait la catastrophe et en décrivait le mécanisme causal. Au moment même où s'ouvrit le drame, le procès de Mme Caillaux — et de Caillaux — déroulait, à la cour d'assises, ses tragiques séances, comme plongées dans une brume de sang. L'attitude criminelle de Judet, directeur de *l'Éclair* de Paris, dans l'histoire des documents verts (correspondance entre Jagow et Lancken, au sujet de Caillaux) amenait Maurras à accuser ouvertement Judet de trahison : « Comme c'est exagéré ! » répétait le chœur des libéraux, dangereux crétins qui ont toujours fait le lit de la démocratie et de ses charniers !

Car il faut le déclarer tout de suite : l'Allemagne a préparé et voulu la guerre de 1914. Cela n'est nullement douteux. Cela ressort de tous les documents publiés et de tous les témoignages recueillis. Mais c'est l'inertie républicaine, c'est le parti allemand dans la République française, c'est le clan des Ya, c'est, en un mot, la politique de gauche, victorieuse depuis quarante années et triomphante depuis l'affaire Dreyfus, qui lui a semblé l'occasion propice de se lancer dans cette aventure, qui lui a donné le courage de l'entreprendre.

L'Allemagne n'a déclaré la guerre à la France ni au temps du boulangisme, ni au temps du nationalisme de la *Patrie française*, alors qu'une poussée du patriotisme français semblait devoir lui fournir l'occasion souhaitée et cherchée. L'Allemagne a déclaré la guerre à la France au moment des élections générales de mai 1914 (à quelques semaines près), alors qu'une majorité radicale socialiste, caillautiste, pro-allemande, prenait la direction politique du pays. Rencontre saisissante, où apparaît l'espoir allemand d'obtenir, d'un seul coup, la germanisation complète de cet État républicain, qui n'en était encore qu'à la germanophilie aiguë. Ainsi se vérifie notre thèse de *l'Avant-Guerre* constatant que la réussite de l'envahissement économico-industriel germanique n'apaise pas le Germain, mais l'excite et le pousse à l'invasion militaire. Avis aux malheureux qui cherchent, aujourd'hui encore, par des voies obliques, ce rapprochement franco-allemand, lequel a déchaîné, voici huit ans, le fléau sans nom.

Le pire danger de la démocratie réside dans son irréalisme. Plébiscitaire ou parlementaire, la démocratie substitue, aux réalités éprouvées de la politique et à ses immuables séquences, une idéologie pouvant aller jusqu'à une basse et foraine mystagogie, dont le dernier terme est de saper l'État (en même temps que la famille) et d'ouvrir les frontières à l'ennemi. Poincaré, Président de la République en 1914, et comme tel réduit à l'impuissance, une fois mis à part, les politiciens de la démocratie ont été, au moment de la déclaration de guerre et pendant les trois premières années de la guerre, au-dessous de tout, comme nous le démontrerons. Mais les maîtres et responsables de l'hécatombe surérogatoire, de l'hécatombe en surcroît, ont été, manifestement, les principes mêmes du plus fou et du plus divaguant des régimes, sorte de compromis bizarre entre le jacobinisme et le romantisme, entre la panique des responsabilités et l'appétit de la lutte de clans. Ces tares sont vieilles comme le monde. Elles sont inhérentes au principe républicain; et voici deux mille ans que le plus grand politique de Rome, Lucius Cornelius Sylla, les dénonçait et les combattait avec une énergie qui n'était, chez lui, que la réaction de la clairvoyance. On peut dire que, du 24 juillet 1914 au 3 août, où la guerre est déclarée, puis de là jusqu'à l'armistice du 11 novembre 1918 et au delà, toutes les funestes erreurs du stupide xixe siècle français ont creusé la tombe prématurée de plus de treize cent mille de nos jeunes gens et de nos hommes faits. Ainsi fut vérifiée — et au delà, — la terrible prédiction de Maurras dans *Kiel et Tanger*, quant aux « cinq cent mille jeunes gens, étendus, froids et sanglants, sur leur terre mal défendue ».

Nous n'avons plus, malheureusement, les *Mémoires* de Sylla. Mais nous savons à peu près ce qu'ils contenaient. Il y était démontré que l'élection, en matière politique, enferme dans l'œuf tous les désastres et notamment l'invasion et l'occupation. Que dit, en effet, l'évangile démocratique, s'appuyant sur les penchants et instincts de la faiblesse humaine? Écoutons-le :

1º La paix est souhaitable et sainte. *Donc*, il ne faut pas préparer la guerre. Démantèle, désarme, et tu auras la paix;

2º Si un méchant voisin convoite tes richesses et ton territoire, cède-lui-en une partie; tu l'apaiseras;

3º S'il persiste dans son sanglant dessein, démontre à l'univers que tu es bon, en reculant devant lui, en lui laissant le choix de l'heure et du point d'attaque. Une conscience pure, c'est-à-dire non agressive, et reconnue comme telle, est le plus grand des biens, même si elle entraîne l'invasion, l'incendie, le pillage et l'asservissement.

Que disent l'expérience de l'histoire et la sagesse des nations?

1º La paix est souhaitable et sainte. Si tu veux la paix, prépare la guerre. Cette prépa-

ration fera réfléchir, hésiter, souvent renoncer
ton ennemi;

2° Si un méchant voisin convoite tes richesses
et ton territoire, essaie d'abord de le diviser
et d'opposer chez lui, les uns aux autres, ses
clans et partis politiques;

3° S'il persiste dans son sanglant dessein,
attaque-le au moment choisi par toi, sans
attendre son attaque au moment choisi par
lui. Une fois vaincu, désarme-le.

Virulente et révolutionnaire, la démocratie
instaure la nation armée et la levée en masse,
comme cela s'est vu chez nous en 1792. Elle
est mère des guerres exhaustives et sans merci,
rappelant les grandes invasions d'autrefois, avec,
en plus, l'horreur dévastatrice d'un outillage
industriel, mécanique et chimique, incessam-
ment perfectionné. Alphonse Séché a mis ce
point admirablement en lumière dans son
célèbre ouvrage : *les Guerres d'enfer*. Mais
apaisée, et faussement assagie en parlementarisme chronique, la démocratie se proclame pacifiste et, comme telle, sous la poussée du suffrage
universel (indifférent, par essence, à l'intérêt
national), corrode, puis anéantit le budget de
la Défense nationale. Cela, selon un rythme
progressif. Fils de l'acclamation démocratique,
révolutionnaires couronnés, les Napoléon font
la guerre à l'Europe et nous donnent, le premier,
Trafalgar et Waterloo, le second, Sedan. Puis,

de 1871 à 1914, la démocratie parlementaire s'applique à saper et détruire la discipline militaire et à restreindre l'armement. D'où des humiliations incessantes, et de plus en plus accentuées, de la part de l'ennemi héréditaire allemand.

C'est ainsi que nous pouvons préciser le jour où, dans la balance invisible du destin, le plateau pencha vers la guerre européenne, par l'agression allemande. Ce fut le 5 septembre 1899. A cette date fatale, le général marquis de Gallifet, sur l'ordre de son président du Conseil, le funeste juriste Waldeck-Rousseau, supprima, d'un trait de plume, le service des Renseignements au deuxième bureau du ministère de la Guerre. Ainsi était levée la barrière s'opposant à l'envahissement et à l'espionnage allemands. La Sûreté générale héritait de la Sûreté militaire et était chargée désormais, officiellement, du contre-espionnage. Or, notez ceci : quinze ans plus tard l'Allemagne déclarait la guerre à la France et, au cours de cette guerre, le ministre de l'Intérieur de la République, Jean-Louis Malvy, était condamné par la Haute-Cour à cinq ans de bannissement pour « forfaiture » (le procureur général avait dit : complicité de trahison) et son directeur de la Sûreté générale et compère, du nom de Leymarie, recueillait deux ans de prison sans sursis, dans le procès du *Bonnet rouge*, pour « complicité de commerce avec l'ennemi ». Tel était l'aboutissement de la réforme Galliffet–Waldeck, réforme éminemment républicaine, exigée par le clan dreyfusien, maître de l'État. Entre temps, la suppression du service des Renseignements avait ouvert, pendant quinze ans, les vannes à tous les agents, financiers, politiques, industriels, journalistiques, commerciaux, de l'empire allemand. Aux applaudissements de certains journaux français, d'apparence doctrinaire et sérieuse, Auguste Thyssen, le grand métallurgiste allemand, notre pire ennemi, devenait le maître d'une partie du sous-sol de la Normandie, et du havre à sous-marins de Diélette. Je renvoie mes lecteurs à *l'Avant-Guerre*, que notre ami Georges Valois eut le courage de publier à la « Nouvelle Librairie nationale », quelques mois avant la catastrophe, au risque d'innombrables procès. Deux journaux républicains seulement avaient osé signaler cet ouvrage à leurs lecteurs : *le Temps*, dont le directeur Adrien Hébrard vivait encore, *le Rappel*, directeur Edmond du Mesnil.

La Patrie française n'avait donc pas tort quand elle déclarait, dans une affiche qui fit grand bruit à l'époque, que le gouvernement, auquel présidait Waldeck-Rousseau (fort honnête homme en son privé, et ce n'en est que plus démonstratif), était le gouvernement de l'étranger. Mais ce reproche peut être étendu à tout

régime démocratique, parlementaire, électif.
Automatiquement (comme l'avait vu Sylla,
grand lecteur des écrits d'Aristote, et qui nous
a transmis ses manuscrits) la démocratie amène,
dans un laps de trois ou quatre générations, la
fonte purulente des États où elle s'installe...
et, quelquefois, beaucoup plus vite. Comment
cela? Par l'éboulement, par la pulvérisation
des groupements sociaux, professionnels, provinciaux, familiaux, qui sont les étais et pilotis
de la nation. A la faveur de ces éboulements
et de ces ruines, de la liquéfaction de la pro-
priété, de l'expropriation des biens de main-
morte, de l'anéantissement de l'héritage et de
l'épargne, l'étranger (commerçant ou ennemi)
s'insinue, s'impose, domine, légifère et com-
mande, conformément à ses visées. Il en résulte
le séparatisme. La nation fond dans la barbarie
démocratique et socialiste, ainsi que le sucre
fond dans l'eau. Le Samnium, l'Étrurie se
dressent contre Rome. L'ordre équestre se
dresse contre l'aristocratie de sang ou de métier.
La guerre religieuse et civile s'allume. Si un
redresseur ou réparateur, un Sylla, ne se montre
pas, c'en est fait de la civilisation.

La guerre, avec ses hécatombes, apparaît
comme le jugement sans appel des institutions
qui la favorisent, ou sont impuissantes à
l'empêcher, et qui l'étendent à toutes les classes
et catégories de la nation. Le premier devoir

d'un État raisonnable, c'est d'empêcher, de prévenir l'invasion de son territoire et le massacre de ses nationaux. L'économie du sang français, telle était la règle de nos rois. Le gaspillage du sang français, telle fut la règle de l'Empire napoléonien et de la République. En continuant de ce train-là (et, à l'heure où j'écris, le régime homicide dure encore), notre malheureux pays serait, dans un siècle d'ici, dépeuplé par l'idéologie démocratique, en dépit de sa valeur militaire et de l'éclatante supériorité de ses généraux. La preuve est faite aujourd'hui que la victoire elle-même est incapable de porter ses fruits, quand elle est étouffée et déviée par de mauvaises institutions; par des gouvernements encombrés d'une idéologie baroque, et contraire à l'ordre des choses.

Aussitôt après ces quelques considérations liminaires (et bornées à l'essentiel), je produis ici, d'après les documents officiels, l'effroyable bilan des pertes de l'armée française, pendant ces quatre années de guerre :

Août-septembre 1914.

BATAILLE DES FRONTIÈRES
(6 août, 5 septembre.)

BATAILLE DE LA MARNE
(6-13 septembre.)

Morts sur le terrain, disparus et prisonniers,	313.000
— dans les formations sanitaires	7.000
— dans les hôpitaux	9.000

Octobre-novembre 1914.

COURSE A LA MER, LA 1re BATAILLE d'ARTOIS, L'YSER

Morts sur le terrain, disparus et prisonniers........ 104.000
— dans les formations sanitaires............. 11.000
— dans les hôpitaux (intérieur).............. 10.000

Décembre 1914, *janvier* 1915.

STABILISATION

Morts sur le terrain, disparus et prisonniers........ 62.000
— dans les formations sanitaires............. 5.000
— dans les hôpitaux....................... 7.000

Février-mars 1915.

1re OFFENSIVE DE 1915, 1re BATAILLE DE CHAMPAGNE

Morts sur le terrain, disparus et prisonniers........ 55.000
— dans les formations sanitaires............. 7.000
— dans les hôpitaux (intérieur).............. 7.000

Avril-mai-juin 1915.

2e BATAILLE d'ARTOIS

Morts sur le terrain, disparus et prisonniers........ 121.000
— dans les formations sanitaires............. 13.000
— dans les hôpitaux (intérieur).............. 9.000

Juillet-août 1915.

STABILISATION

Morts sur le terrain, disparus et prisonniers........ 39.000
— dans les formations sanitaires............. 6.000
— dans les hôpitaux (intérieur).............. 3.000

Septembre-novembre 1915.

2e OFFENSIVE DE 1915

2e bataille de Champagne, 3e bataille d'Artois.

Morts sur le terrain, disparus et prisonniers........ 115.000
— dans les formations sanitaires............. 10.000
— dans les hôpitaux (intérieur)............. 6.000

Décembre 1915, janvier 1916.

STABILISATION

Morts sur le terrain, disparus et prisonniers........ 15.000
  — dans les formations sanitaires............. 5.000
  — dans les hôpitaux (intérieur).............. 2.000

Février-juin 1916.

BATAILLE DÉFENSIVE DE VERDUN

Morts sur le terrain, disparus et prisonniers........ 150.000
  — dans les formations sanitaires............. 15.000
  — dans les hôpitaux (intérieur).............. 8.000

Juillet-octobre 1916.

BATAILLE DE SOISSONS

Morts sur le terrain, disparus et prisonniers........ 114.000
  — dans les formations sanitaires............. 16.000
  — dans les hôpitaux (intérieur).............. 6.000

Novembre-décembre 1916.

1re BATAILLE OFFENSIVE DE VERDUN

Morts sur le terrain, disparus et prisonniers........ 30.000
  — dans les formations sanitaires............. 5.000
  — dans les hôpitaux (intérieur).............. 3.000

Janvier-mars 1917.

REPLI ALLEMAND

Morts sur le terrain, disparus et prisonniers........ 18.000
  — dans les formations sanitaires............. 4.000
  — dans les hôpitaux (intérieur).............. 6.000

Avril-juillet 1917.

OFFENSIVE DE L'AISNE

Chemin des Dames et bataille des Monts.

Morts sur le terrain, disparus et prisonniers........ 87.000
  — dans les formations sanitaires............. 15.000
  — dans les hôpitaux (intérieur).............. 3.000

Août-décembre 1917.

[OPÉRATIONS A OBJECTIFS LIMITÉS

Flandre, rive droite de la Meuse, la Malmaison.

Morts sur le terrain, disparus et prisonniers........ 38.000
— dans les formations sanitaires............ 9.000
— dans les hôpitaux (intérieur).............. 7.000

Janvier-février 1918.

STABILISATION

Morts sur le terrain, disparus et prisonniers........ 4.000
— dans les formations sanitaires............. 3.000
— dans les hôpitaux (intérieur).............. 3.000

Mars-juin 1918.

CAMPAGNE DÉFENSIVE

Morts sur le terrain, disparus et prisonniers........ 145.000
— dans les formations sanitaires............ 13.000
— dans les hôpitaux (intérieur).............. 9.000

Juillet-novembre 1918.

CAMPAGNE OFFENSIVE

Morts sur le terrain, disparus et prisonniers........ 110.000
— dans les formations sanitaires............ 35.000
— dans les hôpitaux (intérieur)............ 18.000

Ce tableau, qui résume les résultats politiques de quarante-quatre années de république parlementaire, ne saurait être trop médité. On y voit que les six premières semaines de la guerre européenne furent, pour nous, les plus meurtrières. Trois cent treize mille hommes y payèrent, de leur vie, le démantèlement national, consécutif à l'affaire Dreyfus, et la suppression du deuxième bureau des Renseignements au ministère de la rue Saint-Dominique. Ce fut là le prix initial du « rapprochement franco-allemand » poursuivi, sous des masques différents et au milieu de circonstances diverses, par plusieurs hommes politiques républicains, dont le premier en date fut Léon Gambetta, ce compère secret de Bismarck (affaire Païva-Henckell de Donnersmarck), grimé en apôtre de la Revanche.

Car l'union sacrée nous a permis de gagner la guerre. Mais elle serait un leurre, si elle devait maintenant masquer pieusement la vérité historique (que nous prétendons établir ici) et qui met à l'origine du massacre l'aberrante politique des républicains, maîtres du pouvoir, chez nous, depuis un demi-siècle. Parmi ces gouvernants républicains, la plupart ont préféré leur parti à l'intérêt français tout court. D'autres ont ignoré totalement l'Allemagne. Une troisième catégorie enfin (dont Caillaux est le prototype), était aux ordres de l'Allemagne.

Le chiffre des morts et disparus de la période défensive ultime (de mars à juin 1918), qui est de cent quarante-cinq mille Français, mesure le coût de la trahison russe de Brest-Litovsk. C'est elle, en effet, qui a permis à l'Allemagne de transporter, sur le front français de la guerre, ses troupes et ses canons du front russe. Heureusement qu'au 21 mars 1918 nous avions le gouvernement quasi dictatorial (en dépit du maintien des Chambres) de Clemenceau. Sous un ministère Painlevé, par exemple, la France, à cet instant, eût été submergée et perdue. On se rappelle qu'à cette date la cinquième armée anglaise, celle du général Gough, fut complètement défoncée et mise en déroute par l'offensive de Ludendorff.

Enfin la comparaison entre le chiffre des morts et disparus de cette période défensive ultime (145.000) et le chiffre des morts et disparus de l'offensive clôturale et victorieuse de Foch (juillet à novembre 1918), qui est de cent dix mille hommes seulement, confirme ce fait que l'offensive est infiniment moins coûteuse que la défensive. Sur ce point, le calcul de l'École de guerre française (à la veille des hostilités) était exact. Mais ce calcul ne tenait pas compte de l'infériorité formidable, quant à la préparation militaire proprement dite, qui est celle d'un régime démocratique sur un régime monarchique. Cela, les Romains le savaient. C'est pourquoi, en cas de péril national, ils avaient recours à la dictature. Nous verrons qu'en fait, d'août 1914 à janvier 1915, la constitution républicaine de 1875 fut remplacée, fort heureusement, par la dictature militaire du général Joffre.

Voici, maintenant, un autre tableau, non

moins officiel, non moins significatif, non moins terrible que le précédent. C'est celui de la répartition de nos pertes, suivant les armes et suivant les classes :

Officiers	Mobilisés	Pertes	P. %
Infanterie..............	100.600	29.260	29
Cavalerie.............	8.400	865	10,3
Artillerie.............	34.200	3.140	9,2
Génie.................	7.400	690	9,3
Aviation..............	5.300	1.145	21,6
Aérostation...........	600	34	5,7
Train des équipages.....	2.400	105	4,4
Service auto...........	3.400	66	1,9
Autres services.........	31.300	1.234	4,1

Troupes	Mobilisés	Pertes	P. %
Infanterie.............	9.957.000	1.158.800	29,9
Cavalerie.............	280.600	21.400	7,6
Artillerie.............	1.373.000	82.800	6
Génie.................	432.500	27.600	6,4
Aviation..............	102.500	3.600	3,5
Aérostation...........	21.000	560	2,7
Train des équipages......	210.000	7.490	3,6
Service auto...........	203.000	3.500	1,7
Autres services.........	533.500	16.250	3

PERTES PAR CLASSE D'AGE

Classes	Mobilisés	Pertes	P. %
1887.....................	58.400	1.800	3,2
1888.....................	90.000	2.700	3
1889.....................	156.000	5.250	3,3
1890.....................	160.000	5.900	3,7
1891.....................	169.000	5.950	4,1
1892.....................	214.000	9.700	4,5
1893.....................	213.000	13.400	6,3

PERTES PAR CLASSE D'AGE *(suite)*

Classes	Mobilisés	Pertes	P. °/°
1894	224.000	14.650	6,5
1895	226.000	15.600	6,9
1896	230.000	17.800	7,4
1897	242.000	20.950	8,5
1898	240.000	25.600	10,7
1899	244.000	29.650	12,2
1900	237.000	38.700	16,3
1901	251.000	44.350	17,7
1902	255.000	47.750	18,7
1903	254.000	48.850	19,2
1904	256.000	50.600	19,3
1905	262.000	51.200	19,5
1906	256.000	49.850	19,8
1907	263.000	54.750	20,5
1908	266.000	59.350	22,3
1909	273.000	63.000	23,1
1910	265.000	63.900	24,1
1911	282.000	68.000	24,1
1912	279.000	77.200	27,7
1913	290.000	66.950	20,9
1914	292.000	85.200	29,2
1915	279.000	77.700	27,6
1916	293.000	54.050	13,4
1917	297.000	28.950	13,1
1918	357.000	20.600	8,9
1919	229.000	3.400	1,5
1920 et autres		200	

La classe 1914 a été, comme il fallait s'y attendre, a plus cruellement éprouvée (85,200 hommes de perte). C'est la génération qui venait au monde au moment de l'affaire Dreyfus; génération sacrifiée, presque dans sa totalité, aux sanglantes chimères qui avaient présidé, telles les mauvaises fées, à son berceau.

Enfin le médecin inspecteur général Troubert, directeur du service de santé au ministère de la Guerre, totalise ainsi les pertes de l'armée française :

Tués au feu	674.700
Morts de blessures	250.000
Disparus présumés tués au feu	225.300
Morts de maladie	175.000
TOTAL	1.325.000

Le feu de l'ennemi — selon la remarque du docteur Troubert — a donc fait six à sept fois plus de victimes que la maladie. Ce fait, unique dans l'histoire des guerres modernes, atteste à la fois le perfectionnement de l'outillage de mort et l'acharnement réciproque des combattants.

Quelques mois avant ces tueries sans précédent, un académicien, auteur dramatique à la mode, bien que d'une grande médiocrité, courtisan du pouvoir et écrivant à peine en français, du nom de Paul Hervieu, prononçait un discours à l'Association générale des étudiants de Paris. Il y saluait, dans la continuation de la démocratie française, l'aube de la fraternisation de peuples et de la paix universelle. Il est à présumer que bien peu, parmi ses auditeurs, ont survécu à cette guerre exhaustive, due à la fois à la fureur conquérante du peuple allemand et à la longue démission politique de l'État républicain français. Je n'oublierai jamais dans la matinée radieuse du 31 juillet 1914, — comme je me rendais à la gare — la mine stupéfaite des paysans tourangeaux se répétant de l'un à l'autre, avec leur accent chantant : « C'est pou les Selbes !... » C'était bien « pour les Serbes », en effet, mais par la faute d'un régime absurde et d'une suite de politiciens malfaisants. Jamais, en effet, guerre n'avait été plus facile à prévoir, ni plus prévue que celle-là, ni niée avec plus d'effronterie par ceux (je parle des censés hommes d'État) qui avaient mission de la prévoir et de la préparer.

Il y a une « philosophie » de l'histoire (si l'on peut dire) qui consiste à opposer aux calamités politiques le mot de Charles Bovary : « C'est la faute de la fatalité. » Explication commode, qui absout les criminelles légèretés et les inconséquences d'une politique ballottée entre les écueils du suffrage universel (aveugle par définition) et ceux de l'internationale financière. Cette doctrine fataliste est à rapprocher de celle qui attribue le gain ou la perte d'une bataille au seul effet du hasard, heureux ou malheureux, indépendamment et à l'exclusion de toute vue tactique ou stratégique d'ensemble. (Voir le fameux récit de « Waterloo » dans *la Chartreuse de Parme* et les tableaux, d'ailleurs saisissants, de *Guerre et Paix* de Tolstoï). L'une et l'autre de ces doctrines sont erronées. La fatalité politique n'existe pas plus que la militaire. Il y a des institutions mauvaises ou défaillantes, compliquées de mauvais exécutants, à l'origine de tous les désastres de l'histoire; et il n'est presque rien qui ne soit réparable par l'intervention d'un homme aux yeux clairs, au jugement sain et à la volonté suivie.

Avant d'être moi-même député, je n'arrivais pas à comprendre comment, sur les six cents personnes s'occupant de politique, élues au scrutin de mai 1914, il ne s'en était pas trouvé quatre, ni trois, ni deux, ni une pour mettre la majorité radicale-socialiste en garde contre les avertissements très nets de *la Gazette de Cologne* de l'époque, battant la charge contre la France. Aujourd'hui cela m'étonne moins. J'ai constaté, dans cette Chambre du 16 novembre (où les braves gens et les bons Français sont en immense majorité), une véritable répugnance à concevoir le recommencement d'une épreuve récente si terrible. En vain mettrez-vous sous les yeux de nos collègues les preuves manifestes de l'appétit de revanche allemand, comme l'a fait le républicain André Lefèvre, comme je l'ai fait à la tribune. L'attention ne vous suivra que faiblement, parce que le désir de ne pas être inquiétés prime, chez les hommes réunis (et de beaucoup), le désir d'être renseignés. Puisqu'il en est ainsi maintenant, imaginez ce qu'il en devait être, trois ans avant la déclaration de guerre, après la réélection triomphale de

Caillaux, maître d'une majorité antinationale, et aux yeux de laquelle l'Allemand était l'ami ! Tous ces nouveaux élus, à partir de la seconde travée de droite, en allant vers l'extrême gauche, n'avaient qu'une idée : jeter bas le président de la République Poincaré, en raison de son patriotisme reconnu. Ceci fait, englober *l'Action française* (non moins odieuse aux libéraux, Judet en tête, qu'aux radicaux) dans un vaste procès de Haute-Cour, qui eût permis d'exiler ces gêneurs : Maurras et Daudet. En effet, pendant le procès en Cour d'assises de la femme de Caillaux (qui venait d'assassiner Gaston Calmette, directeur du *Figaro*, afin de faire cesser sa campagne contre son mari), les manifestations des camelots du roi avaient contrarié et contrebattu celles organisées par les amis et la troupe de Caillaux : Ceccaldi, puis un pauvre garçon, aujourd'hui disparu, directeur du *Courrier européen* et Almereyda, déjà directeur du *Bonnet rouge*. Sous la majorité électorale et parlementaire, donc factice, récemment dégagée, grondait, bouillait et montait le flot réel d'une puissante et cohésive jeunesse patriote, attachée aux idées de *l'Action française*, à la doctrine de Maurras, et qui suivait avec passion nos conférences et nos avertissements. Notre mouvement inquiétait les vainqueurs des élections de mai. Ils se proposaient de le détruire par la force, habillée en légalité.

J'y insiste, parce que cette combinaison, connue de nous, et que la guerre fit avorter (aurait-elle réussi?... C'est une autre affaire), eut des conséquences importantes et inattendues. Exaltés par les succès politiques de leur patron, les hommes de sac et de corde, ou les dupes et les aveugles, groupés autour de Caillaux, se crurent tout permis, et glissèrent naturellement, avec Caillaux lui-même et à sa suite, de la connivence à la trahison. Ce processus aussi fut d'une logique rigoureuse, à la façon d'un théorème de géométrie.

Je n'ai jamais approché ni même rencontré Joseph Caillaux, que nous avons tant combattu et autour duquel les Parques ont tissé un si sanglant cocon. Je ne le connais que par ses portraits et par les récits des voyageurs. J'ai lu le déplorable bouquin qu'il a écrit sur sa criminelle mésaventure, où il apparaît comme des plus médiocres et, selon la remarque de ce pauvre Sembat, comme manquant de bon sens. Il est impossible d'imaginer qu'un homme doué d'un flair politique quelconque, tant soit peu renseigné quant aux choses et gens du dehors, ait joué sa fortune (et sa vie) sur la sympathie personnelle de Guillaume II, du peuple allemand et contre l'intérêt et le sentiment de son propre pays. Même, en éliminant le facteur perversité (toujours difficile à délimiter et à circonscrire), c'est là un manque de jugement, où apparaît une légèreté d'esprit quasi pathologique. La psychologie de Caillaux est comparable à celle d'un épileptique guéri : *plena rimarum*, pleine de trous; avec une impulsivité, une frénésie qui font illusion. Il a donné dans le godant de l'Allemagne pacifique avec une invraisemblable candeur. Il a cru certainement que Guillaume II était un grand homme (Waldeck-Rousseau l'avait cru avant lui) et que la Germanofrance était l'avenir, qu'il serait l'homme de cette colossale fusion. L'ambition, jointe à la niaiserie, a toujours formé un mélange détonant. Le plus étrange, c'est que Guillaume II offre certains points de ressemblance avec son auxiliaire chez nous, avec son *stathouder* manqué. Même présomption, même outrecuidance, même légèreté pathologique. Aussi, dès la défaite de la Marne, les Allemands prirent-ils le soin d'éliminer complètement leur absurde Empereur, de le supprimer en fait, sinon en titre. Au lieu que la République, à la même époque, respecta et garda Caillaux, par peur de Caillaux.

On a dit pendant longtemps (avant la faillite constatée de l'impôt sur le revenu) que Caillaux était un remarquable financier. C'est ce qu'on dit aujourd'hui de Loucheur. J'ai remarqué qu'un chimérique, jonglant habilement avec les chiffres et les doctrines des chiffres, prend facilement figure de financier épatant. C'est donc qu'on peut avoir le sens des finances et n'avoir pas le sens politique. Je ne parle pas du sens patriotique, lequel n'a jamais existé chez Caillaux. Cependant, de cet invraisemblable lacunaire, de ce sanglant Zozo émanait une influence, un magnétisme personnel, sans lesquels il n'aurait pas d'abord réussi. J'ai entendu faire son éloge, avant la guerre, non seulement par des salonnards (ce qui ne signifie rien), mais, par des garçons gentils et intelligents, par des femmes point sottes. Je leur disais : « Vous verrez qu'il finira mal. » Ils et elles me riaient au nez : « Un homme si important, un pareil charmeur ! »

Se figurer qu'il faut s'appuyer sur des coquins, ou des individus plus ou moins tarés, est le fait d'un ambitieux très jeune et très court, ou d'un imbécile. Ce fut le fait de Caillaux. Là, comme ailleurs, aucun choix, aucun jugement. Il accepta avec une pirouette, sans même prendre le soin de se renseigner, quiconque voulut entrer dans son clan et à son service. Tout le monde peut se tromper dans cet ordre de confiance. Mais pas avec cette régularité. Aucune de ses liaisons (je parle des politiques, bien entendu) qui n'ait été dangereuse et dangereuse pour lui. Bientôt, dans le monde de la pègre parlementaire et journalistique, qui cherche sa vie un peu partout, on sut que « le président » (c'était le surnom de Caillaux) cultivait la gaffe et la gaffe fructueuse... la plus fructueuse de toutes, le rapprochement franco-allemand. Il donna à ses confrères, ou complices, le sentiment de l'impunité absolue. Ils se figurèrent qu'en touchant, comme dans les contes de fées, les basques de sa redingote, ils traverseraient sans dommage le feu de peloton, la prison, la guillotine, les gendarmes. Landau arrêté, Almereyda arrêté, Bolo arrêté, Lenoir arrêté, etc... n'en revenaient pas : « Ah çà ! mais que fait donc le président? » Or, le président se déprimait..., car, c'est un homme qui se déprime; quitte à refaire tête, quelques jours, ou quelques semaines, plus tard. Il n'a pas de veine : il se déprime au moment précis où il lui faudrait être (comme disait mon père) sur le pont. C'était toujours notre ami Lucius-Cornelius Sylla qui disait qu'un conspirateur qui se sent déprimé momentanément n'a qu'une chose à faire : rentrer chez soi et attendre que ça passe.

La puérilité de Caillaux est apparue clairement dans ce document fantastique dit « le Rubicon », saisi, au temps de l'instruction Bouchardon (janvier 1918 et semaines suivantes), dans le coffre-fort de Florence. Caillaux y distribuait éventuellement des postes et emplois aux uns et aux autres : à Ceccaldi, à Almereyda, à Landau, etc..., amusette de gamin qui rêve d'un césarisme de pacotille. Il avait sûrement lu la vie de César dans Ferrero, qui rapetisse

le conquérant des Gaules à plaisir et n'a jamais
senti passer sur sa poitrine le souffle ardent
de la Rome antique.

Mais comment, à la veille de la guerre, ce
nain de Caillaux se trouvait-il le maître véritable de la politique républicaine française, le
roi de la gauche radicale-socialiste triomphante?
Tout simplement parce qu'il était devenu un
lieu géométrique financier, et de finance franco-
allemande. Les financiers, en général, n'en-
tendent goutte à la politique. Ils s'attachent
à la fortune du premier venu, s'il a la compréhension des problèmes de l'argent. Ils ne lui
demandent la compréhension ni des réalités
diplomatiques, militaires, etc., ni des hommes.
Dans cette confiance des manieurs d'or, Caillaux avait succédé à Rouvier, de funeste
mémoire, au Rouvier de « l'humiliation sans
précédent », du débarquement de Delcassé sur
l'ordre de Guillaume II. Par les manieurs de l'or,
à Paris, à Berlin et à Vienne, Caillaux impres-
sionnait et dominait les divers chefs des divers
clans de la République. Ceux-ci en étaient
arrivés à croire, à sa suite, que l'entente et
la coopération des banques et des industries
par-dessus les frontières, que leur fusion internationale, de plus en plus étroite, amènent à
la longue l'entente des nations. C'est précisément le contraire qui est vrai ; et la guerre
nous l'a bien fait voir.

En effet, de telles coopérations, ou collaborations, ou participations de capitaux étrangers, aiguisent, puis enveniment jusqu'à la haine, la concurrence internationale-économique. Il y a de longues années (alors que la haute industrie était encore vagissante), Proudhon, le bourgeois révolutionnaire (avec inclusions réactionnaires si savoureuses), Proudhon faisait une réflexion analogue. C'est assez facile à comprendre : nous sommes en 1913 (« eune supposition », comme dit Aristide Briand). Les Krupp passent un contrat avec X... ou Y..., grand industriel français, auquel ils apportent des capitaux, des programmes intéressants, des ingénieurs, et qui leur apporte, de son côté, une installation, minière ou autre, à exploiter : « Je m'en vais franciser tes capitaux, ton personnel, » se dit X... ou Y... cependant que, du point de vue allemand, Krupp se propose de germaniser l'installation. Luttes au sein du conseil d'administration, tiraillements, hostilité sourde, puis occulte. Dans de tels conseils d'administration s'est allumé, n'en doutez pas, un des brandons de la guerre de 1914. Les fameuses ententes fer et charbon, des deux côtés du Rhin, ont agi, comme autant d'étincelles, autour de la volonté allemande, très nette, de compléter et de fixer, par la durable hégémonie militaire, la fragile hégémonie industrielle et commerciale.

Même observation, quant à la finance et aux

choses de banque. L'Allemagne, dès 1912 et jusqu'en juillet 1914, poursuivait ardemment la cotation de ses valeurs d'État (enflées et « forcées », au sens des pépiniéristes) à la Bourse de Paris. Nos principaux établissements de crédit déversaient en Allemagne des flots de capitaux français, jetaient au jeu germanique leurs dépôts. Sans le scandaleux moratorium du début des hostilités, tout sautait. Or, Caillaux, argentier en vue du régime, était l'axe de cristallisation politique de ces convoitises et de ces échanges. Chef des gauches, il était devenu l'ambassadeur de l'internationale des riches auprès de l'internationale des pauvres, dans le même temps que Jaurès était devenu l'ambassadeur de l'internationale des pauvres auprès de l'internationale des riches. Une même utopie (celle du rapprochement nécessaire, par la finance et les intérêts communs des travailleurs en France et en Allemagne) poussait l'un vers l'autre le plus agité des radicaux et le plus verbeux des socialistes.

D'ailleurs, la formidable industrialisation de l'Allemagne (notamment dans la Ruhr et la Haute-Silésie) devait jeter l'Allemagne à la guerre, but suprême de l'industrie métallurgique et chimique. L'abolition de toute contrainte morale (abolition issue de Luther), l'avènement d'une métaphysique de combat (Kant, Fichte et successeurs), ajoutée à la poussée belliqueuse, qui est de l'essence même de la poussée industrielle, ne pouvaient pas ne pas mûrir ces fruits de feu, de carnage et de sang. La vaste hypocrisie socialiste (chez nous comme chez eux) ajoutait, à l'intensité de ces préparatifs minutieux, l'aiguillon de notre total aveuglement. Car il est plus aisé de tuer des aveugles, partiellement désarmés et s'entre-querellant.

En face du germanisme, de l'aristocratie militaire prussienne, du socialisme, du caillautisme, agissant dans le même sens (celui du conflit immédiat) quelle était notre Défense nationale? Je prends ces deux mots dans leur sens le plus large, non seulement matériel, mais politique, moral, métaphysique.

1º Le vieux fonds du patriotisme français, rural et citadin, du patriotisme héréditaire, auquel, à toutes les époques de notre histoire, ont été demandés tous les sacrifices. C'est ce que j'appellerai le déroulédisme, du nom de l'homme généreux, apolitique et charmant, qui en parut, à un moment donné, l'incarnation ; ou le boulangisme, du nom du célèbre général en qui Roméo l'emportait sur Bonaparte, et qui, par là même, entraînait les cœurs, en laissant immobiles les esprits;

2º Un mouvement déjà fort (et par endroits irrésistible) issu de la pensée géniale et de l'ardente volonté de notre plus grand homme d'État, depuis Richelieu. Le mouvement de *l'Action française*, formé et commandé par Charles Maurras;

3º Une école de guerre réputée, dont l'enseignement passait pour remarquable; des généraux, peu connus du grand public, fort estimés, mais qui, depuis une vingtaine d'années notamment, semblaient trop aisément maniés par les politiciens, ou trop enclins à donner leur démission, au lieu de résister aux fantaisies républicaines du désarmement. Tels naguère Négrier, Hagron, etc.

« La grande muette »... a-t-on dit. Eh oui, sans doute, la discipline militaire est indispensable, dans le service. Mais, en démocratie (où l'argent et l'élection sont tout), une voix militaire, émanant de l'honneur militaire, de cette chevalerie survivante, serait souvent bien utile. C'est un de mes sujets d'étonnement que la complète soumission des grands chefs militaires (même après une guerre victorieuse) à la velléité des chefs civils. Ils vont parfois jusqu'à prendre les tiraillements et les erreurs de ces fantoches à leur compte, jusqu'à endosser leurs responsabilités !

Parfois, à la Chambre, les jours de grande séance, je me suis amusé à suivre à la lorgnette les jeux de physionomie d'illustres chefs militaires assistant, par hasard, à nos débats. Une fois, notamment, à la rentrée de 1921, j'interpelais le président du Conseil d'alors, sur sa

dangereuse faiblesse vis-à-vis de l'Allemagne.
N'ayant aucune estime pour ses talents, je lui
parlais, je dois le dire, assez roide. Au premier
rang d'une galerie remplie d'uniformes, le
général X... me considérait avec une sorte de
stupeur, mêlée d'un certain mécontentement :
« Eh quoi, parler ainsi à un quasi chef d'Etat ! »
Je songeais, tout en continuant ma diatribe :
« Vous ne voudriez pas tout de même, mon
général, que je misse des gants avec ce type-là.
C'est le petit avantage du parlement qu'on
peut y dire son fait, en face, au monsieur qui
se moque des intérêts du pays et les exploite
sans les servir. »
Le général me répliquait, par ses yeux et
son attitude : « Oh ! c'est égal, il ne convient
pas de parler aussi librement à un premier
ministre, quand on n'a que le galon de député.
A la place du président du Conseil, je vous
mettrais aux arrêts de rigueur.
« — Mais, mon général, ce ministre ne sait
même pas de quoi il parle. Il ignore tout de
l'Allemagne et de l'Angleterre. Il n'a peut-être
pas encore compris ce que lui ont soufflé ce
matin ses inspirateurs de diplomatie et de
finance. Vous voyez bien que c'est un malheureux.
« — Oh ! oh ! oh !... *le Journal des Débats*
n'approuverait pas un pareil langage, ni *le
Temps*, j'en suis bien sûr. Toute vérité (en admet-

tant que ceci soit la vérité) n'est pas bonne à dire. »

Ainsi se poursuivait notre dialogue muet. Néanmoins, à un moment donné, la majorité ayant ri d'une de mes réflexions et ri aux dépens du président du Conseil, mon interlocuteur métaphysique et militaire voulut bien, là-haut, sourire légèrement... « Sourires »... dit pudiquement le *Journal officiel*.

A Rome, au temps de la Louve, les proconsuls commandaient politiquement aux armées, pardessus les commandants militaires proprement dits. Cela offrit, aux heures critiques, de grands avantages. Nourris dans la politique réaliste, âpre et retorse, de cette époque incomparable, les proconsuls se fichaient du tiers et du quart, opposaient insolence à insolence, traquenard à traquenard, discours à discours, ruse à ruse, et ne donnaient jamais leur démission sur une attaque, ou un revers parlementaire. N'allez pas en conclure que je conseille aux piètres politiciens de la République de jouer les proconsuls, comme le fit, à son dam et au nôtre, l'infortuné Paul-Prudent Painlevé. Fichtre non ! D'ailleurs les proconsuls romains appartenaient en général, à des *gentes* aristocratiques, où la politique était enseignée, et en honneur, depuis la petite jeunesse, et le commandement, proprement dit, depuis l'adolescence. Cela, grâce au perfectionnement héréditaire, ce grand levier dés groupes et des nations, aujourd'hui oublié chez nous;

4º Et enfin une équipe de parlementaires et de chefs de groupe en général médiocres, ou plus que médiocres, issus des loges et parlotes radicales, ou des congrès socialistes, ou des conférences d'avocats. Quelques-uns formés au parlement et au gouvernement par les vieux de la défaite de 70-71 : un Lockroy, un Goblet, un Rouvier, un Clemenceau, un Waldeck, un Freycinet, un Ferry, etc... D'autres pareils à des enfants trouvés, dans un talus de fortifications, par un soir de pluie. D'autres semblables à des larves et doués, en même temps, d'une rare facilité d'élocution;

5º Une haute industrie tout à fait ignorante des choses de la politique et totalement asservie à ces parlementaires médiocres, ou désuets; mais, au point de vue technique et professionnel, remarquable, plus et mieux douée que le groupe industriel allemand correspondant.

Voilà ce qui allait s'affronter, d'abord, à Charleroi et à Morhange, ensuite, dans les plaines de la Marne, au milieu d'un immense appareil guerrier, sous l'éclatant soleil de ces heures décisives d'août et de septembre 1914.

Chez nous, vingt-huit classes étaient appelées, de 1887 à 1914. Ce qui fit que les pères pouvaient se trouver combattre auprès de leurs enfants. Ç'est le privilège de la nation armée, cette

forme de la dévastation moderne. La première
journée de la mobilisation fut, à Paris, saisissante de calme et de grandeur. La veille au
soir, Jaurès, dînant au petit restaurant de la
rue du Croissant, voisin de *l'Humanité*, dans le
quartier des imprimeries, était foudroyé à
coups de revolver par un jeune homme inconnu,
du nom de Raoul Villain. On eût pu croire que
ce meurtre du plus célèbre et du plus éloquent
des chefs de l'Internationale révolutionnaire
amènerait des troubles de rue, de sanglantes
bagarres, voire une insurrection. Il n'en fut rien.
Comme nous avions vigoureusement contrebattu,
Maurras et moi, les pernicieuses campagnes de
Jaurès, esprit naturellement faux (auquel l'afflux
des mots masquait et déformait les choses),
d'ailleurs intellectuellement germanisé, ses amis
et partisans prétendirent que Villain était un
camelot du roi, que nos campagnes antirévo-
lutionnaires avaient poussé au meurtre du chef
des révolutionnaires. C'était tout à fait faux. Ni
Maurras ni moi n'avons jamais prêché le meurtre
de qui que ce soit. Nous laissons aux républicains ce genre de sport. Par contre, il m'est
arrivé de demander l'arrestation *légale*, ou le
jugement *légal*, ou la peine capitale *après jugement*, pour tel ou tel ennemi public, ou groupe
d'ennemis publics, qui préparaient en France la
guerre allemande, l'invasion allemande et ses
fléaux, ou qui, la guerre déclarée, trahissaient

notre pays et poignardaient dans le dos les combattants français. Ce n'était nullement le cas pour Jaurès. Bien loin d'être des nôtres, Raoul Villain avait appartenu autrefois au Sillon de notre vieil adversaire, le démocrate Marc Sangnier.

Cette légende absurde (qu'on n'osa même pas évoquer au procès de Villain, détenu pendant toute la durée de la guerre!) n'en est pas moins pieusement évoquée, chaque année, aux environs du 31 juillet, anniversaire de l'assassinat du malheureux tribun, dans l'espoir qu'un copain échauffé débarrassera l'Internationale de Maurras, de Daudet, ou des deux à la fois, chose, il est vrai, plus malaisée. Selon que la male rage de ces messieurs est tournée contre l'un ou l'au tre, c'est tantôt Maurras, tantôt votre serviteur, qui est signalé au fer des haschachins. Mais nous ne sommes pas les seuls. Un autre accusa un obscur ministre républicain (je crois que c'était Pichon?) qui avait dit que Jaurès était l'ambassadeur allemand auprès du parlement français. Un troisième, dans *l'Humanité* même, où on dénonçait chaque jour, l'été dernier, notre « Jaurésicidie », eut l'idée saugrenue de mettre en cause l'ancien ambassadeur de Russie, Isvolsky, ce qui dut dérouter les lecteurs de cette feuille, accoutumés à notre « responsabilité ». Un quatrième, enfin, s'en prit à Raymond Poincaré, dénoncé (d'ordre allemand) — avec le concours

de la haute police parisienne — comme principa
auteur de la guerre, comme riant dans les cime-
tières et se nourrissant du sang de ses victimes.
On ne saurait imaginer à quel degré de sottise
scélérate peut descendre une feuille dite « révolutionnaire »; degré très inférieur encore à celui
des plus bêtes parmi les feuilles dites « bour-
geoises ». C'est ce qui explique le peu d'influence réelle des journaux rouges chez nous.
Leurs bobards se voient de loin.

Ce qu'il faut retenir de la fin tragique de
Jaurès (au moment même où s'ouvrait le drame
tant nié par lui) c'est qu'elle marquait un
symptôme antirévolutionnaire. Le baromètre
était, à cette heure décisive, au contraire de
l'insurrection, de l'appel à la révolte, etc. La
résolution farouche de tuer est une hallucina-
tion brusque et qui dépend beaucoup de la
pression ambiante, quand elle n'est pas liée à
une passion morbide. La tranquillité avec
laquelle les plus fidèles compagnons de Jaurès
acceptèrent sa disparition (et qui fut attribuée
à leur soudaine conversion au patriotisme ; je
n'y vois aucun inconvénient), cette tranquillité
était le signe de l'affaissement profond d'un
parti. Au fond, devant la déclaration de guerre,
devant ce fait brutal, et qui démentait tous
leurs écrits et tous leurs actes depuis trente ans,
les meneurs révolutionnaires (ne galvaudons pas
le beau mot de « chef ») cessèrent de croire à la

révolution. Qui voyaient-ils, à ce moment si dur, à la présidence du Conseil? Un des leurs (le plus verbeux après Jaurès), Viviani, qui, après avoir gagné tous ses grades politiques dans le pacifisme transcendantal et la « guerre à la guerre » électorale, invoquait maintenant la « guerre du Droit », la « démocratie en armes », la « dernière de toutes les guerres » et autres fariboles, vieilles comme M. de Freycinet lui-même, et qui remplaçait, sur le rouleau de son larynx infatigable, *l'Internationale* par *le Chant du Départ*.

La vérité est que les seuls révolutionnaires virulents, depuis la Commune, ont été, en France, les anarchistes, mus, tantôt par la police politique, tantôt par une idée plus déraisonnable, mais plus motrice que celle du syndicalisme ouvrier. J'ai eu là-dessus, il y a une quinzaine d'années, une conversation très intéressante avec un homme de haute valeur, de grande intelligence, et qui ne cachait pas ses préférences anarchistes, le docteur Paul Reclus. Il déclarait l'anarchie logique et grisante, et voyait, dans le socialisme, une endormante chiourme, une sorte de chloroforme. Le fait est que, chez nous, le socialisme a fait des ministres, voire des chefs d'État, mais ne trempe pas les caractères. Sans entrer dans cette question de frères ennemis, je ne puis m'empêcher de remarquer l'esprit de sacrifice extraordinaire dont fit preuve cet anarchiste innommé qui accueillit Bonnot, fuyant après ses crimes, dans sa petite canfouine en carton de Choisy-le-Roi, l'hébergea, lui donna à souper et à coucher et mourut de sa mort violente, bien que n'étant nullement mêlé à son affaire. Ce n'est faire tort ni à Viviani, ni à Briand, ni à Léon Blum que de déclarer que je ne les vois point pratiquant ce genre de dévouement farouche à leur idée.

A la nouvelle du trépas de Jaurès, un autre révolutionnaire (sans cervelle, mais non sans talent) du nom de Gustave Hervé, et qui avait fait beaucoup de bruit depuis dix ans, avec sa feuille incendiaire, *la Guerre sociale*, se convertit illico au chauvinisme le plus ardent. Hervé avait prêché, comme Jaurès, l'antimilitarisme et le désarmement. Il aperçut, dans une grande lueur, l'insanité de cette besogne et son danger. Cela aussi était une indication. Du coup, Miguel Almereyda, ancien rédacteur à *la Guerre sociale*, qui venait de fonder *le Bonnet rouge*, « pour sauver la véritable République », alla trouver au ministère de l'Intérieur son camarade radical-socialiste, Jean-Louis Malvy, et se fit fort d'obtenir de tous les « rouges », inscrits au carnet de surveillance générale, dit carnet B, qu'ils se tinssent tranquilles et « peinards » à condition que la police ne les inquiétât pas. Ainsi s'effondrèrent les vieilles menaces de sabotage de la mobilisation, et aussi les vieilles promesses de conjonction, fraternelle et insurrectionnelle, des deux prolétariats (le français et l'allemand), le jour du coup de chien. L'aiguille continuait à tourner.

Sans doute le besoin d'union sacrée fut-il réel, chez la grande majorité des Français, en cette minute où montait à l'horizon le spectre soudain de la mort par les armes, devant un peuple noble, que la démocratie homicide avait aux trois quarts désarmé. Mais l'union sacrée bénéficia aussi de l'immense terreur éprouvée par les inconséquents ou les gredins, qui l'avaient ainsi désarmée. Ils aperçurent leurs formidables responsabilités, ces responsabilités que l'appareil parlementaire dissipe, dissocie comme un fin brouillard, où disparaissent et s'embrument les visages. Les uns s'enfuirent dans le bourgeoisisme. D'autres dans le chauvinisme. D'autres dans le lucre et les affaires, et, par là, dans la trahison. D'autres, les plus roués, dans le pouvoir.

Les événements importants ne sont pas les plus connus. A la fin de juillet, était reçue à Paris, dans un bureau de la Chambre des députés, par le groupe parlementaire socialiste français, une délégation de la Sozial demokratie allemande, que conduisait Hermann Müller, un farceur, qui eut depuis des fonctions importantes dans le Reich vaincu. Comme on lui demandait quels étaient les projets de ses amis au Reichstag, il répondit textuellement : « *Dass mann für die Kriegskredite stimmt, halte hic für ausgeschlossen...* » C'est-à-dire : « L'hypothèse du vote des crédits de guerre me paraît exclue. » En même temps, il adjurait les kamerades français d'obtenir de leur gouvernement une preuve palpable de non-agressivité, laquelle les aiderait grandement, eux bons Boches, à faire rejèter les crédits de guerre. On affirme que ce fut là l'origine du fameux recul de dix kilomètres, imaginé par Viviani comme un suprême acte de pacifisme expérimental démonstratif, et qui eut cet unique résultat de détraquer, sur nombre de points, les plans offensifs de notre état-major. J'ai toujours pensé, pour ma part, que le cabinet militaire de l'Empereur avait soufflé leur fructueuse démarche à Hermann Müller et à ses compagnons.

Au fond, les Allemands, en voyant la masse socialiste et radicale-socialiste élue en mai 1914 et Caillaux chef de la majorité (certaines affiches des élus socialistes français portaient l'estampille de la Sozial demokratie allemande !), s'étaient imaginé que la France tomberait à genoux, avant même, ou sitôt après le premier choc. Ils avaient oublié la page saisissante de Bismarck sur l'inconnu qui se cache derrière le visage de la guerre, présumée la plus facile..., « fraîche et joyeuse », avait dit l'abruti couronné. Cela était aussi lugubrement niais, dans son genre, que la « guerre des démocraties et du Droit », de notre côté. *Pro aris et focis.* Telle était la vérité. L'infortuné Jaurès en était encore à discuter le sens du terme *Kriegsgefahr-zustand* que le plus humble des paysans de chez nous avait déjà compris qu'il s'agissait du grand va-tout, de l' « être ou ne pas être » shakespearien, lequel se pose périodiquement aux nations mal ou pas gouvernées.

Viviani a prétendu, dans un nombre considérable d'articles, et même dans un grotesque discours à la Chambre, que son recul de dix kilomètres était une mirifique invention, qui, prouvant au monde entier notre bonne foi, avait déclenché l'intervention anglaise. Laissez-moi rire ! L'Angleterre s'est lancée dans la guerre quand elle a vu la Belgique menacée et, par là même, sa propre sécurité compromise. Les enfants de douze ans, qui ont suivi chez nous un cours d'histoire élémentaire, connaissent la constante doctrine anglaise sur ce point, et le mot de Napoléon sur la possession d'Anvers. Si l'Allemagne nous avait attaqués par un autre chemin, il y a cent à parier contre un, que l'Angleterre n'eût pas mobilisé et que le recul humanitaire de Viviani l'eût laissée tout à fait calme et indifférente. Si les armées de Guillaume II avaient pris Paris, écrasé l'armée française et signé la paix en trois semaines (comme le prévoyait le grand état-major allemand),

notre sacrifice vivianesque eut été complètement vain; et l'histoire européenne elle-même
n'en eût tenu aucun compte, de peur de déplaire
au maître allemand. Elle eût dit simplement
peut-être, dans une note brève : « Quels hypo-
crites, ces Français qui, ayant encerclé la pauvre
Allemagne innocente, et ayant rendu la guerre
inévitable, voulaient encore se donner les appa-
rences, au dernier moment, de la refuser ! »
Rappelons-nous notre La Fontaine :

> *Selon que vous serez puissant ou misérable*
> *Les jugements de Cour vous rendront blanc ou noir.*

J'estime, au contraire, que la France doit
une certaine reconnaissance à Barthou, pour
le rétablissement du service de trois ans, à
la veille de la guerre. C'est une physionomie
intéressante que Louis Barthou. Ondoyant et
divers, aristo par ses gouts littéraires et la
tournure de son esprit, recherchant les complications et les redoutant quand elles sont là,
manœuvrant à travers les clans républicains,
avec une souplesse toute florentine, il tient ferme
cependant à quelques vues patriotiques, simples
et saines, qui donnent l'unité aux moires cha-
toyantes de sa vie politique et de son humeur.
Les gens disent de lui : « Méfiez-vous ! »,
puis ils courent se confier à lui. Je suis étonné
qu'avec ses qualités, si rares chez les républicains, il ait joué un rôle en somme effacé pen-

dant la guerre. Sans doute n'était-il pas en train. D'ailleurs il recherche le pouvoir, mais on sent, quand il l'a atteint, que le pouvoir ne l'amuse pas et que son secret désir est de ne pas l'exercer. Ce trait lui est commun avec quelques autres collègues de sa génération et de sa formation. La guerre (qu'il voyait venir) l'a cruellement éprouvé, en lui arrachant son fils unique.

Il y a de bonnes raisons de croire que Barthou (qui a la vision de l'homme de lettres, jointe à celle de l'homme politique) avait lu dans le jeu dangereux de Caillaux et que, de certaines de ces observations, Gaston Calmette, dans la magnifique campagne qui causa sa mort, avait fait son profit. Du moins ce fut la conclusion que je tirai de mon dernier entretien avec Calmette, vers la fin de février 1914. Capus, successeur de Calmette au *Figaro*, et à qui j'en parlais, était d'un avis analogue.

Le cabinet de Viviani (sur qui tombait l'avalanche de fer et de feu) n'était pas de taille à la supporter. C'était un cabinet radical-socialiste (en somme un cabinet Caillaux sans Caillaux) qui avait succédé, le 14 juin 1914, à un cabinet Ribot, lequel n'avait duré que 24 heures. En dehors de Viviani, président du Conseil et ministre des Affaires étrangères (ancien socialiste, personnage bavard, ignorant et paresseux), ce magma de gauche et d'extrême gauche, image fidèle de l'électoral d'alors, comprenait

4

un certain Bienvenu Martin, ministre de la Justice, épave de comités radicaux; un brave et
bouillant garçon, agité et mêle-tout, du nom
de Messimy, promu ministre de la Guerre sans
qu'on sût pourquoi; Noulens aux Finances,
Gauthier (?) à la Marine... et enfin, au ministère
de l'Intérieur, Jean-Louis Malvy, député du Lot,
invraisemblable vadrouille, dont on savait ceci
seulement qu'il était très fort au jeu de poker,
et l'homme de confiance de Caillaux, son ancien
patron.

Or, c'était cet être falot, inconsistant, et de
réputation véreuse, qui devait demeurer au
pouvoir, inamovible, à la même place de premier plan, pendant la guerre, sous quatre
cabinets, du 14 juin 1914 au 31 août 1917!

Pourquoi cela?

On le sait aujourd'hui. Comme protecteur,
couverture, surveillant et membre actif de cette
vaste agence de trahison, dont Joseph Caillaux
était le chef et *le Bonnet rouge* l'organe popula-
cier. Ces choses-là ne sont possibles qu'en
République.

CHAPITRE II

L'ESSOR DES GRANDS BOBARDS. —
PREMIÈRES DÉFAITES. — LA
PANIQUE DES GOUVERNANTS. — LA
DICTATURE DE JOFFRE ET LA
VICTOIRE DE LA MARNE.

J'ai dit que, vers la fin de juillet 1914, je
faisais la navette entre la Touraine (où était
ma famille) et le journal, dont la mobilisation
devait bouleverser les services. Au cours d'un
de ces trajets, de Paris à Amboise, l'automobile
où je me trouvais se heurta, pendant la nuit, à
une autre venant en sens inverse, capota, et je
fus quasi scalpé, néanmoins sans fracture du
crâne. Ramené chez ma mère en compote et
couvert de sang, je pris le lit pour six semaines,
pendant lesquelles je fus soigné et rafistolé,
avec une sollicitude de chaque minute, d'abord
par ma chère femme, puis par mon excellent
condisciple et ami, le docteur Caillet, d'Amboise, maître tranquille et sûr de son art savant.
La période, qui s'étend de la déclaration de
guerre à la victoire de la Marne, est ainsi mêlée

pour moi d'une fièvre réelle et clinique et d'une fébrilité morale que l'on devine. Sans cet accident, je n'aurais certes pas joué la comédie d'un engagement, qui m'eût envoyé à Narbonne ou. à Arles, en qualité d'aide-major de la classe non appelée 1886, cependant que Maurras aurait eu, pour la durée des hostilités, tout le poids de notre journal quotidien. Non. Mais j'aurais sollicité un emploi dans la surveillance militaire des suspects (sur lesquels j'étais renseigné de première main) et j'aurais peut-être pincé, trois ans plus tôt, Caillaux, Malvy et les gens du *Bonnet rouge...* si toutefois l'autorité compétente m'avait accordé cet emploi. D'autre part, j'eusse été plus gêné dans un poste officiel ou officieux, pour mener à bien l'opération à laquelle m'avait prédisposé la longue campagne de *l'Avant-Guerre.*

A travers la douleur et les trente-neuf degrés réglementaires du déchirement du cuir chevelu, mes réflexions n'étaient pas roses. Je connaissais l'état d'esprit des Allemands, leur point de préparation à une guerre que souhaitaient avidement toutes les classes de leur nation. Je connaissais d'autre part notre état d'imprépa- ration politique et les tendances allemandes du clan Caillaux, qui était le maître. Je savais que nous avions une École de Guerre remarquable, formée par les enseignements de maîtres tels que le général Bonnal et le général Cardot,

qu'il m'avait été permis d'approcher, et dont
le monde entier saluait la haute compétence.
Mais la soumission naturelle des meilleurs, et
des premiers parmi les militaires, aux décisions
gouvernementales m'inspirait les appréhensions
les plus vives et j'ignorais tout du généralissime
Joffre, sur qui tombait ce coup de foudre, cette
responsabilité formidable. J'étais loin de me
douter que ce chef, demeuré si mal connu (et
sur le compte duquel nous ne possédons encore
maintenant que des racontars pour ou contre),
allait, en acceptant la charge de la lutte disproportionnée — au moins quant au matériel —
éliminer dictatorialement un pouvoir politique
défaillant, et en partie suspect.

Il m'apparaît aujourd'hui que, sauf Poincaré
(patriote ardent, homme de l'Est, mais avec des
parties de timidité, de retrait, de vain scrupule
juridique et que l'exercice du pouvoir n'amuse
guère), tout le personnel du début de la guerre
fut ravi d'abdiquer entre les mains du généralissime et de s'en aller à Bordeaux. Cette his-
toire-là n'était plus de jeu. Elle dépassait la
compétence du brave Viviani et de ses collaborateurs. La guerre !... Ils avaient tant dit qu'elle
était impossible, et que personne en Europe ne
la voulait, qu'ils avaient fini par le croire. Pour
la génération de Clemenceau, la guerre avait
été une sanglante réalité, l'Allemagne aussi.
Cette réalité, la poussière de la politique inté-

rieure la leur masquait de temps en temps et
Clemenceau lui-même avait pu, étant président
du Conseil, et sept ans avant la catastrophe,
mettre au ministère de la Guerre, par pure
passion dreyfusienne, un Picquart ! Néanmoins
elle les ressaisissait, à certains tournants, cette
réalité terrible. Au lieu qu'un Jaurès, un Viviani,
un Albert Thomas ne l'entrevoyaient que comme
un épouvantail électoral, un prétexte à méta-
phores humanitaires, une machine à embêter
la réaction. Il suffit de considérer un instant
Viviani (que j'ai eu comme collègue pendant
trois ans à la Chambre, un collègue muet, fan-
tomal, inodore) pour conjecturer le coup de
massue que dut lui asséner, en plein occiput,
comme à Jaurès, le *Kriegsgefahrzusland* de
Guillaume II. La naïveté infinie de ce solide
garçon au visage carré, aux yeux insignifiants,
à la voix chantante, dépourvu de syntaxe et
de logique, est, à son aspect, ce qui frappe le
plus. Il est sans malice. Il croit ce qu'il dit, et
qui est d'une inconcevable et touchante niaiserie; sorte de glane de tous les manuels républicains de morale, de littérature, de philosophie et d'histoire. Il croit que Diderot, Voltaire
et Rousseau, pères du peuple et de la civilisation française, ont été torturés à la Bastille.
Il croit que Renan (qu'il n'a certainement
jamais lu) a démontré la non-existence de Dieu.
Il croit qu'il est un disciple de Renan et d'un

joueur de bonneteau métaphysique, nommé Des-Cartes. Viviani, c'est un bedeau, musclé et écarquillé, de l'athéisme et du matérialisme à la Paul Bert. C'est un chaisier dans la cathédrale de la Salive. Ses souvenirs de guerre, publiés récemment dans *le Matin*, sont, à mon avis, incomparables et projettent une lumière aveuglante sur la psychologie de leur auteur. Je les lis comme Labiche et Courteline, en me tenant les côtes et côtelettes, en raison même de la gravité du sujet. Il n'y a rien de plus joyeux dans un sujet plus grave.

Plusieurs de nos collègues (ayant approché et fréquenté, les veinards, cet écrivain et orateur parlementaire) m'ont affirmé qu'il avait donné l'essor aux grands bobards du début d'août 1914; je me permets de rappeler ici les principaux :

Premier bobard : La guerre actuelle est celle des peuples libres contre les autocraties dévorantes, la guerre de l'humanité et des Droits de l'Homme.

Deuxième bobard : Elle abolit les guerres futures. Elle est la dernière de toutes, le bouquet. Après elle, aussitôt, commencera l'âge d'or, l'âge de Jean Jaurès.

Troisième bobard : Il y a deux peuples allemands. L'un, composé de travailleurs et de savants, qui nous aime bien... et même très cuits. L'autre, composé de hobereaux, qui nous

hait et que nous allons exterminer, libérant
ainsi le peuple allemand n° 1.

Quatrième bobard : L'évolution et le progrès,
en portant le peuple (?) au pouvoir, feront
régner, après cette guerre, dans le monde récon-
cilié, le bonheur et la sécurité pacifique. L'holo-
causte de la France innocente avancera cette
époque bénie.

La censure de presse ayant été décrétée (sur
la proposition de *l'Action française* et fort
heureusement) dès le début des hostilités,
Viviani eut devant soi le champ libre pour l'éta-
lage de ces insanités dans les journaux, ou ce
qu'il en restait. Toute assertion, contredisant,
ou mettant en doute, cet hilarant credo d'école
du soir, fut impitoyablement caviardée. Nous
devions d'ailleurs le retrouver, ce credo, vers
la fin de la guerre, dans les propositions, numé-
rotées de 1 à 14, de cet étonnant mélange de
quaker et de maboul qu'était le président
Wilson, et aussi dans certaines conceptions de
Clemenceau, au moment du désastreux traité
de paix. On y découvrira aisément une espèce
de liquéfaction de l'évangile romantique selon
Quinet, Hugo et Michelet, repris par les doctes
âneries d'un Herbert Spencer. C'est comme le
bouquet du feu d'artifice tiré, dans le domaine
intellectuel (si j'ose dire) et littéraire, par le
stupide XIXe siècle. Lorsque, rentré à Paris, je
voulus rappeler que la thèse des deux Alle-

magnes (d'ailleurs favorable à l'Allemagne) était une fable imbécile, que les véritables « hobereaux » allemands étaient les grands industriels signalés dans l'*Avant-Guerre*, les Thyssen, Krupp, Ehrardt, Haniel et Cie, je me heurtai à la faribolante consigne de Viviani, qui veillait, en personne, à la stricte observance de *sa* doctrine. J'en conçus un mécontentement tempéré par de bonnes envies de fou rire. Le comique, si particulier, de *Candide* a été presque égalé, involontairement, par les consignes philosophico-historiques, émanant de la présidence du Conseil, pendant les trois premières années de la guerre. Sous Briand, Ribot et Painlevé, comme nous le verrons, la censure, moins doctrinaire, s'attacha plus spécialement aux personnes et il me fut demandé, à plusieurs reprises, de ne pas prononcer les noms des ministres ! Je reçus, au téléphone, ce conseil obligeant : « Désignez-les, si vous le voulez, par des périphrases ! » Dès le début, le principal tabou fut Caillaux, auquel fut adjointe Mme Caillaux; et toute allusion à un revolver chargé, de même qu'au malheureux Calmette, fut menacée d'une suspension de huit jours !

Une phrase du généralissime Joffre, dans une lettre à son camarade Gallieni, gouverneur de Paris (et où Joffre recommande, en somme, à Gallieni de se méfier des « fuites » possibles dans la zone gouvernementale) m'a donné grandement à réfléchir. Je me suis demandé jusqu'à quel point le généralissime avait pu être renseigné sur ce que Shakespeare appelle « les parties honteuses de l'ombre », sur les tractations secrètes de Caillaux et de Lancken, visibles à travers le filigrane des fameux « documents verts ». Ça se saura dans la vallée de Josaphat. Ce qui est certain c'est que, du 2 août 1914 au 12 janvier 1916, une véritable dictature de guerre remplaça la Constitution de 1875 pour le plus grand bien du peuple français. On s'en doutait; mais cette transformation du régime, sous la pression des circonstances, est magistralement exposée et analysée dans la très remarquable thèse de doctorat de M. Pierre Barrière, avocat à Montpellier, intitulée : *Cinq mois de dictature sous la troisième République*. Le sénateur républicain Henry Bérenger écrivait déjà, en décembre 1914, que « cinq mois d'une dictature à peu près absolue avaient abouti à supprimer, en temps de guerre, la démocratie elle-même... » Heureusement, car, sans cela, la France eût été irrémédiablement perdue.

Tout le monde en eut le sentiment quand, quelques jours après la défaite de Charleroi (heureusement ignorée du public), parut, dans *le Matin*, en dépit de la censure, à l'instigation d'un ministre imbécile, sous la signature du sénateur Gervais, un odieux article, stigmatisant, en style fleuri, une prétendue défaillance d'un de nos meilleurs corps d'armée. Je vois encore l'indignation de ma femme quand elle m'apporta cette honte et je sens le frisson de colère qui échauffa ma tête déchirée et bandée. Cette affreuse page avait le ton du désastre, qui ne survient que si les esprits et les cœurs s'abandonnent. Imaginez une presse éperdue, relatant les revers de Charleroi et de Morhange, l'avance des armées boches, leurs atrocités, semant la panique à l'arrière, et, par répercussion, dans la zone des armées. Le rétablissement de la Marne eût été impossible. Un immense découragement eût tout paralysé.

Dans le danger, les hommes ne tiennent pas à être libres. Ils tiennent à être protégés. Voyez, sur son lit de malade, le plus grand révolté du monde, le révolutionnaire le plus farouche. Il obéit, comme un enfant, aux ordres et prescriptions de son médecin. Il renonce à manger, à marcher, à se mouvoir, à boire quand il a soif, à parler, à respirer à sa guise. Mais, quand il s'agit d'un peuple au lieu d'un homme, la docilité devant le péril est encore multipliée par le coude à coude et la surveillance réciproque. Au début d'août 1914, on a vu des paysans du centre se barricader chez eux, à partir de cinq heures de l'après-midi, en s'imaginant que l'état de siège exigeait ça; et, à Paris même, en août 1914, les compagnons anarchistes les plus notoires s'empressaient auprès des autorités,

pour protester de leurs bonnes intentions, dans
la terreur des tribunaux militaires... des cours
martiales ! De janvier à août 1918, quand les
gothas allemands commencèrent à arroser sérieusement Paris, il fallait entendre les gens intimer
aux voisins, avec fureur, d'éteindre leurs lumières.
Ils les auraient assommés illico, s'ils n'avaient
obéi. On s'aperçut, alors, qu'il y a dans l'interdiction, dans la contrainte totale, une volupté
supérieure à celle de la liberté. Fameuse chose
que d'obéir, pour ceux qui ne savent ce qu'ils
veulent, c'est-à-dire pour les neuf dixièmes des
humains ! Mais, quand la mort est là, toute
proche, l'obéissance devient un délice.

M. Pierre Barrière écrit ceci, à la page 21 de
son ouvrage : « En réalité, il y eut un peu de
tous les régimes dictatoriaux, essayés depuis
1793, dans le gouvernement d'août-décembre
1914. On revint à l'institution de la censure,
mais avec plus d'énergie que sous la Restau-
ration. On ressuscita les cours martiales de 1870,
mais pour en faire, aux armées, des juridictions
de droit commun. On supprima complètement
le contrôle parlementaire, pour une période dont
aucun régime démocratique n'avait connu la
longueur. On recourut, mais avec plus d'ampleur, à la levée en masse de 1793. En un mot,
on synthétisa avec force les différentes expé-
riences faites, au cours d'un siècle, pour tenter
de créer un régime constitutionnel, susceptible

d'affronter le plus grand des bouleversements mondiaux. »

Qui cela, *on?* Sans aucun doute possible, l'autorité de fait, l'autorité militaire centrale, c'est-à-dire le généralissime Joffre et son cabinet militaire, puis, ultérieurement et conjointement, le général Gallieni et son cabinet. M. Pierre Barrière distingue justement, dans cette organisation d'une dictature de guerre, trois périodes : La première, qui va du 30 juillet au 25 août, lendemain de Charleroi, voit la substitution du pouvoir exécutif au pouvoir législatif. La seconde, qui va du 26 août au 1er octobre, voit la substitution du pouvoir militaire au pouvoir civil. La troisième enfin, déclin de ce qu'on a appelé justement « la dictature de la Marne », va du 1er octobre 1914 au 12 janvier 1915, où reprend le parlementarisme, cette terrible alerte une fois passée. Au cours de ces trois périodes, plus de 300 décrets-lois furent pris en dehors de tout contrôle parlementaire, ce qui est la négation même du régime républicain en notre pays, où, bien plus qu'en Angleterre, « les Chambres sont tout ».

Cette dernière phrase, que je mets entre guillemets, est en effet de M. Pierre Barrière, dans une lettre personnelle qu'il m'écrivit, au sujet de sa puissante thèse. J'ai pu, au courant de la législature du 16 novembre, me rendre compte de l'omnipotence du Parlement aux

heures de crise. La crise dont je parle (effondrement du cabinet Briand de 1921) était
cependant de moindre importance qu'une déclaration de guerre ! Cependant, en janvier 1921,
il devint manifeste que les gouvernements ne
pèsent pas lourd devant une saute de vent à
la Chambre. Il avait suffi de l'initiative d'une
poignée de députés royalistes, dont j'étais, pour
déterminer, par une simple *motion*, cette houle.
On peut juger, par là, de la valeur et de l'exac-
titude de la remarque de M. Barrière.

Le changement ministériel du 26 août 1914
(qui remplaçait, notamment, au ministère de la
Guerre l'insuffisant Messimy, — soyons poli, —
par Millerand, et où figuraient, suprême con-
cession au jaurésisme assassiné, deux socialistes,
MM. Sembat et Jules Guesde), ce changement
céda lui-même, quelques jours plus tard, à
l'autorité dictatoriale militaire. Par le fait de
l'avance ennemie, Paris devenait place de guerre.
« Ce départ (dit M. Barrière, en parlant de l'exode
du cabinet et des politiciens pour Bordeaux)
peut être regardé comme le symbole de l'abandon du pouvoir central par le gouvernement
civil. »

Le danger devenant plus pressant, le généralissime Joffre, dans cette lettre, en date du
6 septembre, au gouverneur de Paris, Gallieni, à
laquelle je fais allusion plus haut, recommande à
celui-ci de « ne pas envoyer du gouvernement de

renseignements relatifs aux opérations » (excellente précaution, quand un Malvy est ministre de l'Intérieur) et déclare que lui-même, dans ses comptes rendus, ne fait jamais connaître « le but des opérations en cours, ni ses intentions ». De son côté, le général Gallieni écrit au ministre de la Guerre, son supérieur, le 8 septembre, c'est-à-dire le lendemain : « Le général Joffre m'a prévenu de ne plus communiquer moi-même de renseignements sur les opérations, ni au gouvernement à Bordeaux, ni à la presse. Je crois que cela vaut mieux ainsi. »

Et, en effet, cela valait beaucoup mieux ainsi, comme la suite des événements le prouva. Bien mieux, le généralissime interdit au gouvernement de quitter Bordeaux pour contrôler les mouvements militaires. Du 4 septembre au 5 octobre 1914 (thèse de M. Barrière) ni le président de la République ni un seul ministre, encore moins les députés, ne purent se rendre au front. A la date du 3 septembre, le général Gallieni, de son côté, se transforme, avec beaucoup d'à-propos « en chef politique ».

Je laisse la parole à M. Barrière : « A la tête du *comité* dont il était, non pas le président, mais le chef, le général Gallieni plaça un service spécial, une sorte de ministère de l'Intérieur, que l'on nommera le « bureau civil » du gouvernement militaire de Paris, créé sans décret, ni pièce officielle, dont la direction fut confiée à

M. le sénateur Doumer, resté à Paris, et qui s'occupa plus particulièrement de la police, des renseignements politiques et militaires et du contrôle des journaux. L'indépendance du gouverneur de Paris fut telle que ce *bureau civil* fut maintenu, malgré la décision prise par le Conseil des ministres à Bordeaux et transmise téléphoniquement au gouverneur, le 5 septembre, par le président du Conseil, enjoignant de le supprimer. »

La loi de 1849, sur l'état de siège, mettait en outre, à la disposition du général Gallieni un « deuxième bureau » chargé plus particulièrement du contre-espionnage et dirigé par le général Clergerie, ayant sous ses ordres le commandant Beaudier et le lieutenant-colonel Bourdeau. C'est ce deuxième bureau qui, dès le retour du gouvernement à Paris, eut à subir les assauts de la trahison, de Malvy et de ses hommes du *Bonnet rouge*. A la suite de l'affaire de vol de Desclaux, créature de Caillaux, et du scandale qui en résulta, à la suite d'intrigues abominables qui furent exposées à la Haute-Cour du procès Malvy par les victimes de ces intrigues, notamment par l'admirable général Clergerie, ce deuxième bureau (auquel la Capitale dut sa tranquillité) fut supprimé, en fait, le 1er septembre 1915. Il fut supprimé, en droit, le 31 janvier 1915, par le B. C. R. (bureau de centralisation des renseignements militaires) qui fit lui aussi, mais sans pouvoirs effectifs, hélas ! d'excellente besogne.

Le 15 octobre 1914, Sembat et Jules Guesde vinrent à Paris (c'était après la « course à la mer » et le second échec du plan allemand) exposer à leurs collègues socialistes leur programme de participation à un gouvernement bourgeois. Le 17, Briand, Malvy et Sarraut rentraient à leur tour. Le 19 octobre, l'agent allemand, Jean-Louis Malvy, reprenait la possession de ce ministère de l'Intérieur qui allait être, pendant trois ans, le lieu géométrique de la trahison. Le 13 novembre, Viviani prenait contact avec les députés de la Seine et des régions envahies. Les présidents des Chambres, de leur côté, rentraient effectivement le 22 novembre. Le 11 décembre un Conseil des ministres se tenait à l'Élysée. Le 18 décembre le *cabinet civil* de Gallieni était supprimé. Après avoir cru que tout était perdu et avoir lâché complètement le gouvernail et la direction du navire, le gouvernement de la République (portant en lui le ver allemand) reprenait son petit train-train d'avant-guerre.

Entre temps, il y avait eu, en effet, cette prodigieuse victoire de la Marne, laquelle dut paraître bien plus prodigieuse encore à ceux qui connaissaient le dessous des cartes, qui savaient l'ennemi au cœur de la place. C'est à ce moment pathétique et sublime de notre histoire qu'il nous faut maintenant revenir.

Je me suis livré à une longue et patiente enquête (au cours de ces procès de trahison dont nous fûmes à *l'Action française* les instigateurs) pour savoir exactement ce qui s'était passé, chez les milieux politiques républicains, dans les quelques jours précédant l'exode à Bordeaux; exode d'ailleurs légitime, mais qu'égaya la phrase célèbre de l'académicien Hanotaux sur la « citadelle » que devenait, dans son esprit métaphoriquement valeureux, la capitale de la Gironde. Le résultat de cette enquête, c'est que ces milieux, inégaux à leur tâche et surpris par l'événement, s'étaient trouvés dans le plus complet désarroi. Quelques-uns penchaient pour décréter Paris « ville ouverte » et livrer tranquillement la capitale aux Allemands. Si les Parisiens avaient été de cet avis, cette abominable proposition l'eût certainement emporté. Mais les Parisiens et les suburbains faisaient montre, au contraire, de cette fermeté qui est, chez eux, de tradition historique. Ils blaguaient la touchante « mise en défense » de leur capitale, la clôture de planches et les chevaux de frise de la porte d'Orléans, les quelques canons poussifs et d'ancien modèle hissés sur les fortifications. Le pressentiment de la victoire (en dépit des fautes et des crimes contre la Défense nationale accumulés depuis 1900, depuis le cabinet Waldeck) était dans les cœurs de cette population, serrée autour du nom et de la réputation de Gallieni.

Le préfet de police Hennion ne partageait pas cet état d'esprit de ses administrés. Ce personnage singulier avait fait une carrière administrative rapide, grâce à Clemenceau, qui appréciait en lui le dreyfusard du procès de Rennes. Il avait succédé, quelque temps avant la guerre, à Lépine (Louis) (l'assommeur des Inventaires), devenu tout à fait incapable et que devait recueillir, épave comique, l'Académie des Sciences morales. J'étais avisé depuis 1911, par divers correspondants bien placés, des innombrables complaisances d'Hennion pour les commerçants, industriels, journalistes et banquiers allemands qui pullulaient à Paris, et dont plusieurs étaient membres de la Légion d'honneur, d'après des rapports favorables de ce haut policier. Je ne fus donc nullement surpris quand j'appris que ce fonctionnaire, prévoyant, après la défaite de Charleroi, l'entrée en trombe des Allemands dans la Capitale, avait fait confectionner des brassards aux couleurs allemandes, à l'intention de ses gardiens de la paix, et préparer le texte d'une affiche invitant la population au calme ! Bien mieux, il est avéré qu'il fit brûler, nuitamment et secrètement, dans un coin de la banlieue parisienne (je tiens le fait d'un témoin), d'énormes liasses de dossiers de police, concernant les sujets allemands, suspects d'espionnage installés à Paris et naturalisés « à la Delbrück », c'est-à-dire sans perdre pour cela leur nationalité germanique. De telles dispositions du chef d'une administration chargée de la surveillance des étrangers, et aussi importante que la préfecture de police, expliquent la situation prépondérante, dans cette administration, des hommes de Caillaux, notamment d'Almereyda, directeur du *Bonnet rouge*. Elles montrent aussi combien le général Gallieni était sage de substituer, à cette police officielle et suspecte, sa police civile et militaire, à lui. J'estime que la terreur inspirée par le général Clergerie et ses collaborateurs immédiats ont été pour beaucoup dans l'affaissement total des services de l'espionnage allemand à Paris, avant, pendant et après la bataille de la Marne. On savait que le gouvernement militaire de Paris n'aurait pas hésité à faire fusiller quiconque (même dans les hautes sphères politiques) eût été surpris jouant le jeu de l'ennemi. Les agents de Berlin, et, pour les appeler par leur nom, les caillautistes, ne devaient reprendre courage qu'après la rentrée à Paris de Malvy et des parlementaires.

Voici ce que dit M. Marcellin *(ouvrage cité)* de Hennion :

« Le préfet de police Hennion entendait partir avec le gouvernement. Sa thèse était celle-ci : le préfet de police doit être là où se trouvent les pouvoirs publics; il n'est pas le préfet de Paris, mais de la Capitale. La thèse parut tout de même un peu trop paradoxale à des hommes prêts à tout excuser chez les autres, afin d'obtenir pour eux-mêmes, l'absolution dont ils ont tant besoin. Hennion fut invité à rester à Paris.

« Sa réponse ne se fit pas attendre : il donna sa démission. Résolu, coûte que coûte, à fuir le danger, il a quitté Paris en simple particulier, désertant son poste devant l'ennemi.

« Il est mis en disponibilité « sur sa demande, « pour raisons de santé, dit obligeamment le · « décret, et remplacé par Laurent, son secrétaire « général ».

Laurent était un brave homme, faible et aveugle, ignorant tout de l'espionnage allemand que manœuvrait, comme un toton, son chef de cabinet, Maunoury. J'ai fait la preuve devant la Haute-Cour (à l'aide de pièces enregistrées au procès Malvy et qui me venaient de la préfecture même, d'un dossier ultra-secret et terrible) que, sous Laurent, le véritable préfet de police était Almereyda, acquis, dès cette époque, sans aucun doute, à la police allemande, et qui avait été le secrétaire de rédaction de Charles Paix-Séailles au *Courrier européen.* Cette situation fut signalée par Pujo au gouvernement, dès août 1914. Le gouvernement, bien entendu, ne tint aucun compte de l'avertissement. Il y avait à cela une bonne raison, que nous ignorions alors : c'est que le ministre [de l'Intérieur, lui aussi, était au service de l'Allemagne.

C'est sous de tels auspices (sans précédent historique, je pense) que s'était engagée la bataille de la Marne, deux fois miraculeuse; d'abord militairement, dans les conditions de recul et de défaite antérieure où elle fut décidée; ensuite politiquement, étant donnée la ventilation opérée, dans les plans savants et minutieux et dans les agents de l'espionnage allemand, par Gallieni et par Clergerie. Nos ennemis avaient dissipé des millions en préparatifs d'invasion, par l'achat des consciences, avec une ruse prodigue qui ne pourra jamais être dépassée. Ces dépenses furent vaines, par le fait que la police militaire, supplantant une police civile veule ou corrompue, exerça vigoureusement la dictature de la surveillance.

Le samedi 29 août 1914, en même temps qu'un appel légèrement déclamatoire du gouvernement au pays, les journaux avaient publié le fameux et tragique communiqué : « La situation de notre front, de la Somme aux Vosges, est restée aujourd'hui ce qu'elle était hier. Les forces allemandes paraissent avoir ralenti leur marche. » C'est par ces termes laconiques que le peuple français avait appris l'invasion de son territoire et le début d'une occupation qui devait durer quatre années. Mais, le vendredi 4 septembre suivant (cinquante-quatre ans après l'insurrection des républicains, devant l'ennemi alors vainqueur), une proclamation, en six lignes, du grand Gallieni déclarait que Paris serait défendu « jusqu'au bout ». L'armée de von Kluck, à cette même date, atteignait Compiègne et Senlis. Les Allemands tentaient leur classique débordement par l'aile droite marchante, qui devait, cette fois, leur être fatal. Huit jours plus tard, Paris et la France étaient sauvés, et les agresseurs en déroute ne devaient eux-mêmes leur salut qu'à notre manque de munitions. Nous savons aujourd'hui que l'éventualité de retraiter jusqu'à la Meuse fut sérieusement envisagée par le grand état-major allemand.

Les témoins civils de ce grand événement (plus considérable que la bataille de Poitiers qui arrêta l'invasion arabe sous Charles-Martel), et les écrivains militaires, ont discuté et discutent encore âprement sur la question de savoir si c'est au généralissime Joffre, ou au gouverneur de Paris, Gallieni, que revient le mérite de la victoire. Peu à peu, par le frottement réciproque des polémiques, se sont même constitués deux clans : celui des Joffriens, qui attribue au général en chef tout le mérite d'un redressement militaire dont il eût porté tout le démérite, s'il n'avait su le réaliser; celui des Galliénistes, qui voit, dans l'initiative géniale du gouverneur militaire de Paris attaquant l'ennemi en marche sur son flanc droit (bataille de l'Ourcq), l'unique raison de la victoire. Dans son fameux ouvrage

Comment finit la guerre, le général Mangin (personnage légendaire, égal, selon moi, à sa légende) écrit à ce sujet : « La bataille de l'Ourcq va s'engager. Mais ce n'est là qu'un commencement, qui pouvait se limiter à l'effort de Maunoury et de l'armée britannique; coup de boutoir à peine plus important et mieux ajusté que celui de Guise, le 29 août. » Le coup de boutoir de Guise, ce fut celui du général de Lanrezac, en qui mon sagace et savant collègue Engerand, député du Calvados, discerne, de son côté, et en donnant ses raisons, un homme de guerre de premier ordre. Je me garderai de reproduire, dans cet ouvrage de politique générale, les arguments opposés les uns aux autres. Je donnerai simplement les conclusions d'ordre général auxquelles, de mon côté, je suis parvenu.

Une victoire comme celle-ci, initiale, déterminante et irréparable (car les Allemands, malgré tous leurs efforts, ne purent, à partir de là, retourner la fortune des armes), tient à un immense concours de circonstances, agissant toutes dans le même sens.

Il y a d'abord l'esprit général de la bataille et qui la situe et la caractérise, dans le temps comme dans l'espace. Von Kluck, commandant de l'aile droite et marchante de l'ennemi, attribue à cet esprit le rétablissement inattendu des armées vaincues à Charleroi. Je pense que l'ouragan, intellectuel et moral, qui chassa l'envahisseur, venait de plus loin : d'une longue compression du sentiment national qui se décomprima brusquement. Cet ouragan, nous l'avions pressenti nettement à *l'Action française*, depuis la défaite des patriotes en 1906 et les abus de l'antimilitarisme et de l'antipatriotisme victorieux, dans les années qui suivirent. En 1910, ceux qui, comme nous, se trouvèrent à l'avant-garde du nationalisme, sentirent le souffle véhément d'une génération de grande et forte allure, d'une génération résurgente et de renouvellement. L'alerte de 1911, l'alerte d'Agadir, trouva des positions électorales tenues par la gauche unie à l'extrême-gauche, par Caillaux et par Jaurès, mais une jeunesse, à la fois exaltée et singulièrement lucide, sans soumission préalable vis-à-vis de la botte allemande, et que nous pourrions appeler la génération des Irréductibles. Celle-ci redonna de l'élan à ses devancières; beaucoup d'officiers de nos armées, entre le grade de colonel et celui de lieutenant, consultés par moi à ce sujet, m'ont confirmé l'existence, pendant la bataille de la Marne, dans les rangs français, d'îlots de combattants complètement irrésistibles, et qui (comme l'avait demandé Joffre dans son ordre du jour historique) se faisaient tuer sur place, plutôt que de reculer. Si l'on pouvait dresser la carte physico-morale d'une grande mêlée, comme sa carte topographique, on s'apercevrait sans doute

que de tels îlots, en se rejoignant, permettent
cette condition du succès décisif : la contre-offensive.

Ensuite, il faut considérer l'esprit du général
en chef, la façon dont il se communique à ses
lieutenants, et l'esprit de ces lieutenants eux-
mêmes. J'ignore tout du maréchal Joffre ; je
n'ai fait que l'entrevoir à une cérémonie
officielle en Sorbonne, où j'étais son voisin
presque immédiat. Sa personne physique ins-
pire confiance, donne l'impression de l'équilibre
et du jugement droit. Il n'a jamais participé
à une polémique le concernant, quelle que fût
celle-ci. C'est donc un homme qui ne fournit
aucune indication préalable à ses adversaires
sur ses décisions, ni sur ses réactions. Immense
qualité chez un chef ! Son œil est d'un méditatif,
bien que pénétrant, subtil et même méfiant.
On a dit qu'il opposait un roc de silence à toutes
es nouvelles, bonnes ou mauvaises, reçues au
cours du combat, et que la pire n'avait pas
l'air de le toucher. On lui en a voulu d'avoir,
paraît-il, envisagé la bataille sur la Seine. J'y
trouve une raison de plus de l'admirer, de même
que j'admire Gallieni d'avoir conçu la possibilité d'une destruction partielle de Paris. Ceci
prouve que l'un comme l'autre se rendaient
compte de l'importance de l'enjeu, qui était
l'existence du pays. Pour apprécier la force de
ces deux hommes, il faut se représenter que

la République leur confiait, à la dernière heure, une partie non seulement compromise, mais *désespérée.* Logiquement, nous devions être battus à plates coutures, et Paris devait être anéanti par l'artillerie lourde allemande, à laquelle, à cette époque, nous ne pouvions rien opposer.

On a affirmé, pour diminuer le mérite de Joffre et de Gallieni, que von Kluck avait agi comme un fol, en étirant ses armées dans sa course vers Paris. Von Kluck ne pouvait se comporter autrement et il fit, avec beaucoup de décision et de vitesse, ce que tout autre chef allemand eût fait à sa place. Il lui était impossible d'investir Paris, avec un ensemble d'armées, inconnu de lui, dans le dos. Nous n'avions pas attendu qu'il le déclarât publiquement pour le comprendre. Donc, de sa part, aucune faute grave. Mais (et cela ressort de son grand ouvrage) méconnaissance complète du caractère français. Le Français est imperméable à l'Allemand, de même que l'Anglais est imperméable au Français.

Par ailleurs, il n'est aucun des auxiliaires de Joffre qui n'ait obéi ponctuellement aux ordres reçus, tout en improvisant, si la circonstance le surprenait, les décisions et les parades les meilleures et les plus efficaces. La rocade de Foch, au centre, est trop connue pour que j'y insiste. Il en fut de ces vastes organismes,

composant la couverture de la patrie, comme
des divers organes d'un corps en parfaite santé.
Tous les réflexes s'entr'aidèrent et dans le même
sens. Même les flottements partiels tournèrent
à notre avantage. Du 5 au 12 septembre, pendant sept jours, la fortune fut fidèle à Joffre
sur tous les points, en longueur et en profondeur. On cite des faits, presque invraisemblables,
de trains de munitions passant à point nommé
pour ravitailler une troupe de héros complètement démunis, d'officiers changeant de service au moment précis où ils pouvaient être le
plus utiles dans leur nouveau poste, alors qu'il
en était réciproquement de même pour leurs
remplaçants. Il était à supposer et à craindre
(dans la meilleure hypothèse et prévision) que,
sur une semblable étendue de front de combat,
il se produisit des rentrants et des saillants.
Sauf la hernie de Saint-Mihiel, qui dura quatre
ans, rien de tel ne survint, et la défaite de
l'envahisseur fut parfaitement classique, universelle et unilinéaire. Enfin Guillaume II fit
de son mieux, lui aussi, pour nous venir en aide,
quand il détacha du front occidental, afin de
les envoyer en Prusse orientale, trois de ses
meilleurs corps d'armée. Il en résulta un trou
et un glissement dans l'aile allemande à droite,
que Gallieni sut exploiter. Notre chance n'eût
pas été complète, si l'ennemi n'y eût contribué
par ses erreurs.

On connaît le mot de von Moltke accourant au cabinet de l'empereur, sitôt après la Marne : « Sire, la guerre est perdue. » C'était von Moltke qui avait raison. Ajoutons à son éloge qu'il avait largement contribué, par son impressionnabilité, à la panique du centre allemand. Il avait même envoyé, à ses camarades, commandants d'armée, un officier qui ordonna la retraite immédiate à tout prix. Si nous avions eu des munitions en quantité suffisante, l'ennemi était rejeté hors de notre territoire, sept semaines après la déclaration de guerre et menacé sur son propre sol ! Il n'en fut malheureusement pas ainsi. Retenons-en au moins cette leçon, que c'est une faute terrible (et inhérente aux assemblées issues du suffrage universel) que de lésiner, — pente commode, — sur le budget de la guerre. Les députés qui, de 1900 à 1914, votèrent nonchalamment, ou firent voter, par procuration, des réductions impies et électorales sur ce budget sacré, et les gouvernants, qui les aiguillèrent dans cette direction, demeurent responsables, devant la patrie, de la continuation des hostilités, après une victoire qui, logiquement, eût dû les clore. Rien de nouveau sous le soleil. L'antiquité grecque et romaine, menacée elle aussi par de puissants voisins, connut ces périodes d'affaissement national, qui marquent l'apogée des partis démocratiques et de gauche (partisans éternels du désarmement) et elle ne fut point préservée par le génie de ses orateurs. Le *si vis pacem, para bellum* demeure la règle stricte des sociétés civilisées, qui ne veulent pas périr. Celle-ci s'applique également aux armées de terre et de mer. Le pays sans défense, comme l'animal sans défense, est mangé par ses compétiteurs.

Les écrivains militaires allemands continuent à se demander si leur grand état-major ne commit pas une faute irréparable, en s'obstinant dans une entreprise qui, dès le 12 septembre 1914, était brisée. Cela, pendant quatre ans ! Ne fallait-il pas conclure une paix immédiate, fût-ce au prix de l'Alsace-Lorraine, accepter le revers, éviter l'épuisement et... se repréparer à la revanche ?

De notre côté, nous pouvons nous demander si la stagnation, interrompue de quelques offensives, où nous nous enlisâmes jusqu'à l'attaque allemande sur Verdun, n'offrait pas, quant à nous, de graves inconvénients, notamment du côté de la politique intérieure. En République, guerre de cordon signifie vite guerre de trahison.

Mais, ce qui est, de toutes façons, regrettable, c'est que la victoire de la Marne, qui ne put être exploitée matériellement jusqu'à sa conclusion naturelle (la libération immédiate de notre territoire) n'ait pas été exploitée davantage moralement. Un voile grisâtre et bizarre tomba, par ordre, sur ces sept journées glorieuses, sur les exploits de tout ordre dont elles avaient été remplies, sur les mesures diverses et concordantes qui avaient emporté le succès, sur les chefs, grands, moyens et petits, qui avaient ordonné ces mesures. Non seulement aucune réjouissance publique ne fut autorisée (ce qui s'explique par l'immensité du deuil, bien que ce deuil immense et collectif eût sauvé la patrie et fût donc d'une qualité spéciale), mais aucun fait d'armes ne fut transmis à la presse, ni au public, que sous la forme, espacée et fragmentaire, de citations individuelles. On eût dit que seuls des individus, — non la nation, — avaient risqué leur existence dans cette terrible épreuve et refonte. L'héroïsme militaire fut dissimulé comme une chose honteuse ou, au moins, de second plan, de qualité inférieure. Pour la première fois, peut-être, dans l'histoire, une page, glorieuse entre toutes et salvatrice, de nos armes fut engainée d'ombre et de silence. Il y eut là une sorte de parti pris, joint à une méconnaissance totale de la nature humaine. A ces deux traits, reconnaissons un des commandements doctrinaires (sinon dogmatiques) de la démocratie.

Or, la renommée et l'exaltation du succès militaire propagent et multiplient ses répercussions. A un ennemi qui vient d'être battu, il importe d'infliger, sans arrêt, des coups de plus en plus rudes, jusqu'à ce qu'il renonce complètement à la lutte. Mais il y a dans le principe républicain (essentiellement stagnant, passif et ignorant des lois du mouvement) quelque chose qui combat ces vérités de sens commun. Ainsi s'expliquent, à mon avis, et l'inexploitation morale de la victoire, et le rideau tiré, sur tant de gloire, par la censure. Joignez à ceci que le salut de la nation, par une victoire uniquement militaire, était en contradiction formelle avec l'enseignement officiel (primaire et supérieur), professé depuis trente ans. Pour l atmosphère politique radicale-socialiste, un tel démenti des faits était dur à avaler. D'autre part, Joffre, bien que dictateur réel, était trop pris et absorbé par la guerre en soi pour exiger que la consigne à l'intérieur valût la consigne sur le front. La censure eut la bride sur le cou et en abusa. Composée d'un personnel hétéroclite, rassemblé de bric et de broc, où dominaient les « bien en cour » de la majorité de 1914 (majorité Caillaux), elle veilla jalousement à l'extinction, maçonnique et rituelle, de l'auréole militaire des grands exécutants de la Marne; et Viviani, du fond de sa retraite bordelaise, n'était pas homme à réagir contre cette absurde tendance, qu'il aurait plutôt renforcée.

L'inconvénient de cette méthode et d'une aussi incompréhensible modestie (après un pareil coup d'arrêt et si inespéré), ce fut que les

Allemands en profitèrent pour assurer qu'il n'y avait pas eu de victoire de la Marne; à peine un léger retard dans la marche en avant, nécessité par des considérations de ravitaillement et d'artillerie lourde. Ils évitèrent ainsi la dépression soudaine de leurs civils, qui nous eût alors été si profitable, et aussi celle de leurs armées en lignes, ainsi que celle des armées boches du front russe. Le stupide étouffement de notre victoire initiale et fondamentale par nous-mêmes fit que celle-ci n'explosa pas dans le pays, et, de là, dans l'univers, y produisant un renversement complet de cette propagande allemande qui nous causa, par la suite, tant de dommages. Elle diffusa entement et peu à peu, telle une fumée passant à travers les fentes d'un mur et d'un toit. Son effet, qui eût pu et dû être foudroyant, en fut considérablement atténué.

Notez que le gouvernement français avait, avec la télégraphie sans fil, le moyen d'inonder brusquement l'univers ébloui d'un flot de nouvelles et de récits de l'incommensurable défaite allemande. Nouvelles exactes, récits saisissants. Du 5 au 12 septembre 1914, le tempérament français s'est livré à une véritable débauche d'exploits personnels, par groupes et par corps, qui effacent *l'Énéide* et *l'Iliade*. On a noté et relevé avec soin (mission Payelle) les atrocités de l'invasion allemande, afin de révulser les cœurs droits et les âmes sensibles de l'univers civilisé. Il n'eût pas été moins important (et il eût été plus moteur) de moissonner, de glaner, d'exposer l'immense gerbe de l'honneur des sept journées historiques. Ce ne fut pas fait et ce manque à gagner, reliquat lui-même du pacifisme absurde d'avant-guerre, apparaît comme une faute impardonnable.

En dehors de *l'Action française* (résumée à ce moment-là en Maurras, Vaugeois, Bainville et Pujo), Barrès, dans *l'Écho de Paris*, essaya de réagir contre cet obscurcissement funeste d'un soleil cent fois plus étincelant, et qui eût pu être cent fois plus fécond, que celui d'Austerlitz. Mais en vain. La bataille de géants demeura, pendant des mois et des mois, sous la housse grise que lui avaient confectionnée des millions de petits nains jaloux, butés et bornés. Il se passa alors ce fait extraordinaire que des hommes, qui avaient accompli, au cours de sept jours flamboyants, des hauts faits sans précédent, en demeurèrent comme un peu honteux, se demandant s'ils n'avaient pas rêvé tout cela, et ne retrouvèrent leur certitude joyeuse qu'au contact de camarades engagés dans la même action qu'eux et corroborant leurs souvenirs.

La victoire de la Marne eut bien un maître, un chef, un organisateur central, qui était Joffre, au milieu de sa phalange incomparable de généraux, animés d'une résolution farouche. Il lui manqua un animateur politique, capable de la montrer tout de suite à l'univers, Allemands compris. Certes, les événements existent par eux-mêmes, et leur portée plonge dans la durée, à une distance où aucun vouloir humain ne saurait les accompagner. Mais leur halo, leur immédiat rayonnement, dépend d'une intelligence civique, qui les projette en lumière et en valeur, qui extraie les épisodes, concrets et figurés de la masse, toujours un peu abstraite, du triomphe par les armes, sanglant, bref et nu. Une telle intelligence n'existait pas au clan républicain, ou, si elle existait, elle n'osa pas se montrer, ni jaillir. C'eût été avouer, en effet, que l'histoire-bataille (tant méprisée, en 1913, par le pédant de Sorbonne, comme par le primaire d'école du soir) arbitre la destinée des peuples, et que toutes les constitutions, même les plus absurdes, comme la républicaine, vivent à l'abri de cette valeur et de ce génie militaires, qu'elles détestent parfois et cherchent à ruiner.

Chapitre III

L'ÉPARPILLEMENT DE LA "VERMINE DU MONDE".

A la veille de la guerre, il y avait, installée en France, une puissante colonie d'industriels, de financiers, de commerçants, de journalistes allemands (naturalisés ou non) dont chacun était un policier et aux ordres du gouvernement allemand. Comme me le disait, dans mon bureau de *l'Action française*, peu avant la guerre, le baron von Pflugk : "« Nous autres, Germains, monsieur Daudet, nous sommes, en fait, la vermine du monde. » Ce mot m'a donné le titre de mon roman, paru chez Fayard en 1916, et qui est comme l'illustration de *l'Avant-Guerre*. Or, cette colonie allemande avait à son service, entretenait une clientèle de pro-allemands, appartenant à tous les milieux sociaux, aussi bien chez les politiciens que chez les salonnards, que chez les révolutionnaires, ou les demi-mondaines. Sitôt la guerre déclarée, cette colonie allemande regagna l'Allemagne,

ou se réfugia en Espagne, en Suisse, en Hollande, en Italie, ou entra dans nos trop débon-
naires camps de concentration. Les proallemands attendirent les événements, contenus
par la peur de l'état-major et des tribunaux
militaires, les yeux fixés sur deux hommes :
Caillaux, que venait de mettre en échec l'épouvantable procès de sa femme, épouvantable
surtout par l'attitude odieusement partiale du
président Albanel, le type même du mauvais
juge. Malvy, ministre de l'Intérieur, agent et
créature de Caillaux, comme tel redouté de ses
collègues.

Les Allemands comptaient sur les proallemands pour mettre le feu à Paris, au propre
et au figuré, déclencher une grève générale,
fomenter une émeute, accomplir toute sorte
de sabotages. Ils n'avaient pas prévu le frisson
de peur que fît passer, dans les moelles de leurs
amis et auxiliaires de l'intérieur, l'explosion
du patriotisme français, contenu depuis cinquante-quatre ans. Certes, la formule de l'union
sacrée saisit et groupa les cœurs nobles et les
intelligences lucides. Mais les autres, les cœurs
vils et les intelligences confuses, comprirent que
la quasi unanimité de l'opinion était contre
eux et avec les nationalistes, et que la moindre
imprudence, de leur part, serait payée cher. On
vit donc rentrer dans leurs tanières les bandes de
hurleurs assemblées par Almereyda, homme de

main de Caillaux, à l'occasion de son procès, et qui, dans les premiers jours de juillet, avaient ouvertement conspué l'armée française sur les boulevards. L'organe « bien parisien » de Caillaux lui-même, *le Gil Blas*, qu'administraient les frères Merzbach, banquiers à cheval sur Paris et sur Berlin, s'effondra; pris de délire, le banquier autrichien Rosemberg, qui vociférait contre les Français, à la Bourse de Paris, fut expulsé. Une sorte de stupeur et d'attente s'abattit sur les embochés, privés de leurs maîtres, et que menaça bientôt la redoutée police militaire d'un homme qui ne badinait pas : le général Clergerie.

En même temps, on s'apercevait que, dans *l'Avant-Guerre*, j'étais demeuré fort en deçà de la réalité. Tous les postes techniques, dénoncés par moi comme occupés par des Allemands, étaient abandonnés à la fois. Notamment à Diélette, en Normandie, dans les fermes de l'Est et de Voivre. Ainsi la police spéciale fut amenée à contrôler et à confirmer le bien-fondé de mes assertions, qualifiées de « romans » en 1913. Je n'en tirais nul orgueil, mais j'étais bien convaincu que l'ennemi (si la guerre durait) chercherait à reformer ses trames et que ses suppôts n'étaient qu'engourdis. Aussi attachai-je un intérêt tout particulier aux innombrables séquestres qui s'abattirent sur les biens et établissements des sujets allemands et autrichiens résidant en France, et aux procès qui s'ensuivirent. On en trouve la liste complète (d'après l'*Officiel*) dans le grand ouvrage de Maurice Vallet, *Répertoire de l'avant-guerre*, publié en 1916 à la « Nouvelle Librairie nationale », avec une remarquable préface du marquis de Roux.

Dans cette préface, notre bien cher ami et défenseur, devant les tribunaux de la République, exposait que les Allemands avaient fait de la France (à la faveur de notre État démocratique, et donc particulièrement perméable à la corruption) une colonie d'exploitation, non une colonie de peuplement. Ils fournissaient le personnel dirigeant et technique d'une multitude de sociétés et d'entreprises, dont les employés demeuraient Français. C'est dire que leur envahissement était plus politique qu'économique et ne s'expliquait pas seulement par la théorie des vases communicants, ou de la diffusion de la nation la plus peuplée vers la nation la moins peuplée. Je dois noter ici la difficulté de comprendre (chiffres de statistiques en mains) une situation aussi claire, qu'ont marquée plusieurs des juges auxquels nous avons eu affaire, avant et même pendant la guerre. Prisonniers de cette thèse fausse de Rousseau (*Contrat social*) que les États, non les particuliers, sont en guerre, ils ne voulaient pas reconnaître la part prise par les particuliers allemands dans la préparation de la guerre de 1914, préparation datant, à mon avis, d'une douzaine d'années. A plus forte raison, n'admettaient-ils pas, avec la prolongation de la guerre, la survivance et la reformation d'un clan proallemand, cherchant à paralyser le haut commandement militaire français et à favoriser les progrès de l'ennemi. C'est une chose formidable que l'enlisement de certains magistrats dans leurs routines d'esprit et de méthodes, que leur ignorance des conditions de la vie contemporaine en général et, en particulier, du rôle de la presse. La plupart d'entre eux ne lisent pas les journaux, ne suivent pas les débats parlementaires, regardent à peine autour d'eux et se contentent d'appliquer les articles du Code, avec des œillères, pour tout ce qui n'est pas strictement et spécifiquement de jurisprudence. Il en est résulté, à notre détriment, de risibles (et aussi, hélas !), de redoutables erreurs. Bien mieux, ne vit-on pas, après trois ans de gigantesques batailles, et l'ennemi campant à quatre-vingts kilomètres de Paris, un président de tribunal et un avocat général se prononcer pour le maintien de la capacité juridique aux Allemands. Bridoison et sa « fô... fô... ôrme » étaient dépassés !

Ici je veux noter un petit fait qui eut, en réalité, des conséquences étendues. La guerre une fois stabilisée, à partir de janvier 1915, la curiosité publique se porta naturellement vers

ceux qui, contre vent et marée, avaient annoncé
le cataclysme et en avaient même décrit les mo-
dalités. C'est ainsi que mon livre *l'Avant-Guerre*
(dont douze mille exemplaires environ avaient
été vendus, entre le 3 mars 1913 et le 12 décembre
1914) vit son tirage augmenter de quarante mille
exemplaires en quelques mois. Un énorme courrier de confirmations et de documents nouveaux
s'abattit sur ma table de travail, sans qu'il me
fût possible de l'utiliser, vu le départ aux armées
de mon fidèle secrétaire et collaborateur. Ceux-
ci m'écrivaient que, de telle ferme de l'Est,
signalée par moi comme un repaire boche, des
coups de feu étaient partis contre des patrouil-
leurs isolés. Ceux-là me fournissaient des précisions sur les carrières du Soissonnais, les établissements Mumm de Champagne, les forte-
resses industrielles de la vallée de l'Oise, les
espions à Maubeuge, etc. Je classai peu à peu
cette documentation considérable; puis, quand
je m'y plongeai plus à loisir, l'idée me vint
d'en tirer le sujet de quelques conférences, sus-
ceptibles d'intéresser mes compatriotes et de
rendre service aux autorités civiles et militaires, chargées de pourchasser les espions allemands.

A cet effet, je demandai et obtins l'autorisa-
tion de faire une première conférence (ou, plus
exactement, un premier cours, car je ne pas-
sionnais pas le débat et demeurais strictement

technique) à la Société de Géographie, boulevard Saint-Germain. Il y avait foule. J'exposai ma petite affaire à la papa, me bornant à exprimer le vœu que les bons citoyens fussent vigilants, car, (ajoutai-je) il était à prévoir que, à la faveur de la guerre de cordon, ou de tranchées, la trame allemande en France se reformerait peu à peu. Je remarquai que quelques-uns de mes auditeurs, fort attentifs, prenaient des notes.

La semaine suivante, je fus averti par un commissaire de police fort aimable (c'était, je crois bien, M. Duranton) que M. le Ministre de l'Intérieur s'opposait à la continuation de mes conférences. C'était le régime de l'état de siège. Toute protestation eût été inutile et se fût heurtée, dans le journal, à la censure la plus inflexible, quand il s'agissait de *l'Action française*. Le commissaire, auprès duquel j'insistai, me le laissa entendre, avec une sorte de gêne qui me frappa. Jusque-là, mon attention n'avait pas été attirée sur Malvy, radicaillon de province, petit varlet de Caillaux (disait-on), mais dont la bamboche, à Bordeaux, lors de l'exode, avait fait *très* mauvais effet. Je m'informai. J'appris que, pendant le dépouillement des élections de 1914, Almereyda (sur lequel Maurras, Pujo et moi étions fixés) avait passé familièrement la soirée dans son cabinet. Je sus, d'autre part, qu'on l'appelait au *Bonnet rouge* « le patron », et qu'il passait pour subventionner cette feuille suspecte, succédanée du *Courrier européen*. J'en parlai à ce cher Alfred Capus, au courant du personnel gouvernemental, qui ne savait, de Malvy, que son intimité avec Caillaux et son goût pour le jeu de poker: « Un jeune serin », concluait-il, de sa voix chantante. Oui, mais quel mobile pouvait pousser ce jeune serin, ministre de l'Intérieur, à interdire des conférences sur l'espionnage allemand avant la guerre? Je me creusais la tête pour le déterminer. Comment, au surplus, maintenait-on à ce poste important de surveillance des suspects (et qui domine, en somme, toute la police) une créature de Joseph Caillaux?

Quelque temps après, il parvint à ma connaissance que la police militaire du général Clergerie (dont l'activité m'était connue, bien qu'elle se gardât de tout rapport avec moi, dans la crainte, sans doute, de passer pour réactionnaire) éprouvait toute sorte de difficultés de la part de la police civile, c'est-à-dire du cabinet du ministre de l'Intérieur. La chose était facile à prévoir. Depuis la suppression du deuxième bureau des Renseignements, en 1899, la police des étrangers était nulle; or, c'était, bien entendu, sous le couvert d'étrangers ou d'étrangères, que les Allemands, après la victoire de la Marne, opéraient chez nous, notamment à Paris, à Lyon et à Marseille. En outre, Malvy déniait à la police de Clergerie le droit de suivre et de poursuivre

les suspects, qui prenaient le train pour la province; et cela, comme on pense, ne simplifiait
pas la tâche du gouvernement militaire. Bref,
après bien des efforts, j'obtins une entrevue
ultra-secrète avec un des meilleurs collaborateurs de Clergerie (que je ne nommerai pas ici)
et nous eûmes ensemble une longue conversation, au bout de laquelle mes soupçons prirent
corps : Malvy fermait volontairement les yeux
sur les menées de l'ennemi en France (menées
indéniables) et prenait en haine et combattait
ceux qui voulaient garder les yeux ouverts. Sur
interrogation directe, mon interlocuteur m'avait
assuré qu'avertis officiellement de cette attitude
bizarre, les membres du gouvernement s'étaient
contentés de hausser les épaules, et avaient couvert, avec ensemble, leur collègue de la place
Beauvau.

Ceci n'a rien de surprenant. Dans le coude à
coude ministériel et parlementaire, les pires
scélérats apparaissent ainsi que de braves types
à ceux qui leur serrent la main chaque jour, ou
s'asseyent auprès d'eux à la table du Conseil.
En outre, dans un même cabinet, les compar-
timents, sont étanches (surtout en temps de
guerre) et le ministre des Affaires étrangères ne
s'occupe pas plus de ce qui se passe au ministère
de l'Intérieur, que celui-ci ne s'occupe de ce qui
se passe à la Guerre ou aux Finances, ou inver-
sement. C'est ce qui permit à Delcassé, par

exemple, de faire au dehors une politique nationale et d'entente franco-anglaise, contre l'impérialisme allemand, dans le même temps que Pelletan détruisait la marine, le général André l'armée de terre et que Combes allumait la guerre civile, sous sa forme la plus empoisonnée, qui est la guerre religieuse. La crise terrible de 1914, l'invasion et ses conséquences, le recul de nos armées, les batailles meurtrières, etc... avaient considérablement augmenté cette ignorance réciproque des départements ministériels et cet invraisemblable laisser aller.

L'influence de l'Allemagne, dans le personnel gouvernemental français, existait de longue date. C'était sur l'injonction de l'Allemagne que Rouvier (qui cependant n'avait rien de spécifiquement « germanophile ») avait débarqué Delcassé, sur l'injonction de la finance allemande à Paris, lors de « l'humiliation sans précédent ». Antérieurement même, on savait que le scandale des fiches de délation se complétait d'une véritable trahison, les fiches du Grand Orient n'étant que le doublet, que la deuxième mouture de fiches établies par les agences allemandes de renseignements, dits « commerciaux », qui foisonnaient chez nous depuis 1900-1901. Mais, avec Caillaux, la politique radicale et radicale-socialiste tout entière (à la Chambre du moins) était devenue de tendances nettement boches : c'étaient ces tendances, à n'en pas douter, que Malvy avait mission de maintenir.

Dès 1915, dès la stabilisation dans les tranchées, je reçus de sources mystérieuses (évidemment policières) des avertissements sur ce point, qui corroboraient mes propres intuitions. En publiant *l'Avant-Guerre*, j'avais attiré l'attention de ce monde singulier de la police, divisé, comme je l'ai su et vu depuis, en deux tendances très distinctes, comme le monde politique : les patriotes et les proallemands; mais avec une supériorité marquée, quantitative et qualitative, des premiers sur les seconds. Dans la police républicaine pendant la guerre, certains chefs étaient nettement gagnés au combocaillautisme, c'est-à-dire au « rapprochement franco-allemand » en dépit de la conflagration générale. Mais d'autres chefs surveillaient ces mauvais Français et leur jouèrent, à mesure que la guerre avançait, et fort heureusement, des tours pendables. Quant à l'ensemble des subordonnés, brigadiers, inspecteurs, etc., ils avaient des fils ou des parents à la guerre; et l'indulgence inexplicable pour les suspects les troubla d'abord, puis les irrita, puis les exaspéra. Cherchant un homme politique républicain, qui voulût bien recevoir leurs confidences et remédier au mal, ils n'en trouvèrent pas (Clemenceau ne fut leur homme qu'après son discours de juillet 1917 au Sénat); et ils se rabat-

tirent sur un royaliste, sans grande influence
immédiate, mais qu'ils savaient documenté et
entêté.

Maintenant qu'il est mort, hélas ! assassiné
par l'Antifrance, victime d'un effroyable concert
criminel, je puis bien dire que mon meilleur
auxiliaire, dans la lutte disproportionnée qui
allait s'engager, fut Marius Plateau, secrétaire
général de la Ligue et un des chefs des Camelots
du Roi. Grièvement blessé au début de la guerre,
dans des circonstances héroïques où il attira sur
lui, nouveau Décius, le feu de l'ennemi, Plateau,
dès sa longue et douloureuse convalescence, se
consacra, avec une passion brûlante et méthodique, au refoulement de cette trahison intérieure, dont il voyait, comme moi, les redoutables
effets. Son intelligence précise et réaliste (que
soutenait une foi religieuse très intense) dé-
blayait, dans le flot de documents qui nous
parvenaient, le secondaire, la broutille, et allait
droit à l'essentiel. Remarquablement doué pour
l'analyse et la reconstitution des trames et des
caractères, il n'avait rien de romanesque et
demeurait fermement sur le terrain des textes
et des réalités. Un seul travers, qui causa sa
mort : le mépris absolu du danger et des précautions élémentaires. Disciple de Maurras, formé
à cette école de haute politique traditionnelle,
qui n'a peut-être pas eu son pendant au cours
de notre histoire, et à l'impassibilité morale

qu'elle postule, Marius Plateau était une étonnante figure d'homme d'action. Au physique, une forte stature, un visage, rond et plein, de tigre royal, où brillaient deux yeux aigus, observateurs, méditatifs, éclairés, pour l'ordinaire, d'un rire franc. La conjonction du jugement droit et de l'esprit de sacrifice forme, à mon avis, les plus beaux types humains. Plateau était de cette catégorie sublime et discrète; car sa modestie, comme son dévouement, passait les bornes.

Tel était l'adversaire quotidien, infatigable, minutieux, attentif, et ne perdant jamais de vue l'ensemble, qu'allait avoir devant soi la trahison systématique, altière et doctrinaire, de Caillaux, et la trahison sournoise, calculée et payée, de Malvy. Sans la collaboration quotidienne de mon cher Marius Plateau, je n'aurais jamais pu mener à bien la tâche disproportionnée que m'avait infligée la Providence, et où se dressaient contre nous toutes les forces, officielles et officieuses, de l'État républicain. Néanmoins, pour nous deux, ce fut, pendant plusieurs années, une jouissance supérieure que de colleter l'ennemi allemand et l'agent ennemi, dans cette lutte ténébreuse, puis éclairée soudain d'une grande flamme. Quand un cryptogramme, en chair, ou en os, ou en papier, se présentait, d'un déchiffrement particulièrement délicat, nous demandions l'avis de Bainville, pour qui le caractère allemand n'a pas de secret, ou de Maurras; puis, la difficulté débrouillée, nous repartions délibérément du pied gauche.

Les éléments révolutionnaires sont naturellement prédisposés à recevoir les suggestions de l'ennemi, puisque c'est sur eux que l'ennemi compte pour désorganiser la Défense nationale, affaiblir la Cité, et amener, ce que l'on a appelé, à juste titre, « la dissociation intérieure ». D'autre part, l'extrême gauche révolutionnaire (d'où est sorti un Briand, sept fois président du Conseil de la République) constitue l'étai résistant du bloc de gauche, et qui va présentement du communisme russe aux radicaux patriotes. Avec Waldeck-Rousseau a commencé, en 1899, la politique de gauche proprement dite, où le drapeau rouge a sa large place. Pendant toute la première phase de stabilisation de la guerre, le véritable pivot de cette politique, forcément ambiguë et suspecte, s'est appelé Albert Thomas. Je n'ai jamais fait qu'entrevoir ce broussailleux chafouin, ancien professeur dans un milieu d'anarchie millionnaire, que je connais bien. A la Haute-Cour, comme à la tribune de la Chambre, il m'est apparu fort antipathique et ce que l'on appelle populairement un « fouineur »... un fouineur assez froussard. Les gestes de ses petits doigts saucissonnés sont courts et fuyants. Ses lunettes lui servent à cacher son regard. C'est le type accompli du dupeur de

peuple, de la larve insinuante et rampante.
Avec cela, il paraît intelligent et, bien qu'il ait
fait fortune, assez aigri. Il semble que pendant
la guerre, il ait été le grand embusqueur des
petits meneurs du prolétariat, secrétaires généraux de syndicats, etc..., qui avaient mis de
l'eau dans leur vin par crainte, mais détestaient
les militaires et souhaitaient ardemment la
défaite. Dans le milieu où évoluait Thomas,
l'Allemagne, mère de Karl Marx et de Lassalle,
était demeurée sacrée, comme au temps de
Renan, de Quinet et de Michelet. Il est plus que
probable que Thomas, en dépit de ses topos
patriotiques, partageait au fond cette manière
de voir.

Il est bizarre qu'un tel personnage ait été
promu ministre de l'armement, dans une circonstance aussi tragique. Rien ne le désignait
pour une telle fonction, si ce n'est la pseudo-
nécessité de nationaliser l'Internationale, qui
animait les politiciens jobards du genre Viviani.
On fit remarquer que, de loin, le rouge de
Thomas jouait le tricolore. Ainsi devint un monsieur important ce magister de congrès socialiste, cet antimilitariste professionnel, désormsia
fourré, du matin au soir, au milieu des colonels
et des généraux et environné de pyramides
d'obus. Je me méfie des destinées baroques,
quand elles participent au gouvernement. C'est
la nation qui, finalement, en fait les frais.

Depuis la paix, Thomas s'est retiré dans ce dangereux fromage (rempli d'asticots de toute espèce) que l'on appelle la Société des Nations. Il lave son linge sale à Genève. Attelé à la commission du travail, avec plus de 300.000 francs par an, il s'est livré à des manœuvres bizarres et vaines pour faire limiter, en France, les heures du travail agricole à la mesure de celles du travail industriel. Je continue à avoir de la méfiance devant cette énigme socialiste et poilue. Il m'apparaît ainsi qu'un extrémiste (plein de combinaziones) grimé en modérantiste, et les égards qu'ont toujours eus pour lui les extra-purs m'ont grandement donné à réfléchir. A côté de Thomas, le fantôme ascétique du vieux Guesde appelé, lui aussi, au gouvernement de « la dernière des guerres », donnait l'impression d'un Don Quichotte auprès d'un Sancho singulièrement trouble. Quant à Marcel Sembat, mort prématurément, et que son esprit d'excellente qualité rendait tout à fait sympathique, il n'eut jamais de socialiste que l'étiquette. Intellectuellement, c'était un aristo ; en art c'était un raffiné ; en littérature et en critique, un renanien. Il donnait, parmi les grisâtres hurleurs peints en rouge, l'impression d'Ovide chez les Scythes. On eut l'idée falote de le mettre, à un moment donné, à la tête d'un ministère, d'où dépendait la distribution du charbon. Ce fut un désastre, et pour la distribution du charbon, et pour la population parisienne, et pour Sembat. Il revint vite à l'art chinois et à la peinture cubiste. Cependant, alors que Thomas subissait, et même avec plaisir, es gens du *Bonnet rouge*, Sembat, lui, se tenait en garde, averti, par sa finesse naturelle, que tout cela finirait mal. En outre, il aimait son pays, tandis que j'ai l'impression que Thomas, sans haïr la France, s'en fiche et considère l'amour de la patrie comme un principe suranné et désuet, comme un manque à gagner.

Successeur du cocasse Messimy (ministre d'opérette fourvoyé, en pleine tragédie), Millerand fut, au moment de la Marne, un véritable ministre de la Guerre; cela n'est pas douteux. Il y fallait de l'estomac et aussi de l'abnégation, vu l'état d'impréparation militaire de notre infortuné pays. C'est un homme solide, trapu, concentré que Millerand, mêlé à doses égales, comme il arrive, de timidité et de brusquerie, père de famille dans le meilleur sens du mot, peu éloquent, nullement bavard, peu connaisseur des gens, peu observateur, habile juriste et formaliste, et acceptant de la réalité ce qui ne contrarie pas le poncif démocratique de sa génération. L'œil est beau et pénétrant, assez rancunier, sous des sourcils fort attentifs. Après Millerand, Gallieni, réclamé par l'opinion publique, s'installa rue Saint-Dominique, en pleine gloire de la bataille de l'Ourcq, mais aussi fort

ignorant du milieu parlementaire et des moyens
de s'y maintenir. Il eut un jour, à la tribune,
un cri du cœur, infiniment touchant : « Vous
me faites faire un métier qui n'est pas le mien ! »
Maintes fois il fit mine de s'en aller et fut retenu
par les basques. Après lui vint un brave homme
de physionomie indistincte, le général Roques,
parfaitement docile à tout ce qu'exigeait de lui
son président du Conseil. Puis ce fut le général
Lyautey, administrateur diligent, mais (en
dépit d'une certaine humeur imaginative et
même, assure-t-on, d'un réel talent d'épistolier)
peu apte aux choses de la politique métropoli-
taine et qui se laissa vite engluer par la sour-
noiserie empoisonnée de son président du Conseil,
Briand.

Le général Bonaparte, couronné empereur
sous le nom de Napoléon Ier (d'ailleurs élève
de Rousseau, « fils de la Révolution » et rempli
de nuées effroyables), a, par son célèbre coup
de brumaire, répandu cette idée un peu partout
qu'il faut un militaire pour ramener l'ordre
disparu et restaurer l'autorité défaillante. Oui,
quand ce militaire, doublé d'un civil énergique,
a le maniement des choses de la politique et
des assemblées, comme Sylla, ou César, par
exemple. Et encore César fut-il victime de cette
absurde manie d'aller à gauche, qui causa sa
perte et le fit assassiner par Brutus le fol et les
conjurés. Mais le cas est, dans les temps mo-

dernes, d'une rareté insolite, comparable à la chute d'un bolide ou au réveil d'un volcan éteint. Le général Lyautey ayant émis courtoisement, du haut de la tribune de la Chambre, l'appréhension que le secret des comités secrets ne fut pas absolument hermétique, fut hué par toute la gauche et dut, en pleine séance, laisser tomber son portefeuille. Notez que, après chaque comité secret, plusieurs comptes rendus *in extenso*, dactylographiés, dudit comité, partaient pour l'Allemagne, par la Suisse, contre bon et profitable remboursement. Ce trafic criminel était notoire. Au lieu de céder aux clameurs et de s'en aller, le général Lyautey eût dû demeurer incrusté à la tribune, prendre l'offensive et affirmer carrément ce qu'il en était. Cette attitude eût fait taire les chiens, répandu une terreur salubre, assuré son autorité personnelle et celle du cabinet tout entier. Je sais, par expérience, avec quelle facilité on retourne, comme un gant, de ce poste inexpugnable qu'est la tribune (où l'orateur, s'il le veut, est toujours le plus fort), la feinte et culbutable irritation des gauches.

J'ai dit que a stabilisation de la guerre, coïncidant avec la reprise des séances parlementaires, tendait à replacer la nation non combattante dans la dépendance des politiciens, en majorité apatriotes, ou antipatriotes. C'est, en effet, ce qui arriva, et c'est cette situation périlleuse que l'Allemagne, prévenue, exploita. C'est une grave erreur, trop répandue, que les renseignements décisifs sur les projets militaires de l'ennemi peuvent être recueillis dans la zone même des armées, puis concentrés au grand quartier général. Ces renseignements doivent être captés au centre de la préparation ennemie, dans sa capitale, par des agents à poste fixe, et transmis, de là, aux généraux commandant en chef. La Prusse n'y a jamais manqué. En 1915, 1916, 1917 et jusqu'en 1918 (comme jadis en 1870) nous avons fait, nous Français, nous alliés (les Anglais, en matière de contre-espionnage, sont nuls), nous avons fait aux Boches une guerre d'aveugles à voyants. Nous n'avons que rarement su les surprendre. Ils nous ont trop souvent surpris. Pourquoi cela? Parce qu'ils avaient fait le nécessaire pour s'assurer, chez nous, des complicités efficaces, au sommet même de l'État.

« Madame (disait le lieutenant allemand Gebssttel, chef d'une section importante de renseignements, à notre meilleur agent, Mme Lebrun), nous avons eu chez vous, dans le poste politique le plus important, depuis le début des hostilités, un homme à nous. »

Mme Lebrun croyait qu'il s'agissait de Caillaux. Mais jamais Caillaux n'a occupé, pendant la guerre, un poste officiel important, si ce n'est par procuration. Il s'agissait, en réalité, de Malvy. Je pense, en effet, qu'en temps de guerre (et même de paix instable) le ministère de l'Intérieur est sur le même pied d'importance que le ministère de la Guerre. Il leur faudrait presque un même titulaire, avec deux sous-secrétariats d'État, tant la communication des services de l'un à l'autre devrait être libre, aisée, permanente. Nous savons maintenant qu'à la déclaration de guerre les agents directs de l'ennemi, trop voyants, cèdent la place à des créatures à eux (neutres ou autochtones) qu'il ont gagnées dès le temps de paix. Ce sont ces suspects-là que les services de la Sûreté générale (renforcés et militarisés) doivent maintenir sous une surveillance sans relâchement.

De même, il eût fallu mettre les principaux établissements financiers, où l'influence allemande avait sévi avant la guerre, sous le contrôle d'une police spéciale, chargée de suivre les migrations des fonds ennemis. Car, des banques, ces fonds passent dans des journaux d'où, en dépit de la censure, soumise à trop d'aléas, ils influencent l'opinion publique. Il n'est pas vrai de prétendre que l'argent est insaisissable. Seulement, il faut vouloir le saisir au moment où il se glisse, comme une anguille, d'une caisse dans une autre. C'est une question de rapidité et de flair.

Peu après la « course à la mer » et quand le nouveau front (devenu mur) se fut consolidé dans un face à face de tranchées, soutenu d'artillerie, un fait important se produisit : le grand quartier général français demanda au ministère de l'Intérieur, par circulaires dont j'ai eu des modèles sous les yeux, de lui adresser des marchands de vin et de camelote, destinés à ravitailler, dans la zone de seconde ligne, les troupes de soutien et aussi celles qui descendaient au repos, après de rudes journées de combat. Ce fut l'origine des mercantis, des petits mercantis, bien entendu, souvent maudits du troupier à cause de leur rapacité, mais indispensables. Inutile d'ajouter que le G. Q. G. demandait des sujets sélectionnés. La paresse inhérente aux bureaux, même à ceux de la Sûreté générale, et aussi peut-être une certaine arrière-pensée scélérate, venue du « patron », firent transmettre cette demande à de louches officines, où la tourbe du *Bonnet rouge* était prépondérante. Ce fut là qu'on dressa les listes, selon une sélection à rebours, qui expédiait, vers la seconde ligne, des types de révolutionnaires déterminés. Nous verrons, au chapitre des mutineries militaires, l'importance d'une telle opération.

En somme, pendant les deux années de 1915 et 1916, dont le point culminant est Verdun (où s'affrontent l'énergie militaire allemande et l'énergie militaire française, la première y cherchant sa revanche de la Marne), la nation, du fait de la République, se trouva répartie, et même divisée, de la façon suivante :

1º Les combattants, au nombre de quatre à cinq millions, tout occupés à la défense du territoire, quasi indifférents, à tous les degrés, à ce qui n'est pas leur terrible tâche; et c'est bien naturel !

2º Les familles des combattants, les gens de l'intérieur, attentifs aux nouvelles (la volonté de vaincre tendue) et ignorants des dessous de la politique. Masse, pour l'immense majorité, d'un patriotisme éprouvé;

3º Les milieux politiques. Ici il faut distinguer entre le Sénat, où la gauche est nationale, comme le reste de l'Assemblée (Clemenceau, Henry Bérenger, Jeanneney, etc.), et la Chambre de 1914, où la gauche obéit à Caillaux, agent allemand, et subit — sauf quelques rares exceptions — l'imprégnation allemande. C'est un phénomène d'une importance capitale que cette putréfaction germanophile d'une forte partie de notre parlement en pleine guerre et il ne faut pas chercher ailleurs la raison de la durée des hostilités, après une grande victoire initiale;

4º Les milieux administratifs, corrompus largement depuis quatorze ans (depuis le cabinet Waldeck-Rousseau) notamment dans la zone préfectorale et de la police de sûreté, dépatriotisés sous Combes et germanisés sous Caillaux;

5º Dans les gouvernements eux-mêmes, qui

se succèdent, trois tendances : la patriotique (avec Poincaré et quelques autres), la vadrouillarde et je m'en fichiste (avec Briand, Viviani et Cⁱᵉ), la proallemande avec Caillaux et Malvy;

6° Une tourbe révolutionnaire, intimidée au début puis enhardie progressivement, où dominent les influences étrangères, comme toujours;

7° *L'Action française* (journal et Ligue), arrêtée par la guerre en plein développement, sevrée, par la mobilisation, de ses éléments jeunes et actifs, mais dont l'importance ira néanmoins croissant, pour devenir prépondérante, à un moment donné. La raison en est simple : notre doctrine fondamentale (celle de l'intérêt national primant tout) est la condition du succès en temps de crise grave; mieux, la condition du salut.

Quelqu'un qui pourrait facilement écrire une histoire pathétique des dessous politiques de la grande guerre en France, c'est précisément Raymond Poincaré. Je doute qu'il le fasse. Sincère, il serait forcément amené à des conclusions très voisines des miennes, et donc destructives de cette illusion républicaine qui a, chez lui, le caractère d'une foi. Fort intelligent et nuancé, il m'a toujours semblé surpris de cette orientation antinationale de la gauche, à la Chambre des députés, qui est cependant si logique et que la victoire n'a pas guérie. Il ne la comprend pas. Il en cherche la raison. Il s'en indigne. Le fait est là pourtant et il faut bien l'admettre et en mesurer les conséquences. Désormais, tout ce qui fortifiera la gauche affaiblira le pays, et réciproquement. Désormais, c'est sous le couvert de la République et des principes républicains, que l'Allemagne vaincue portera ses coups les plus sournois à la France.

L'éparpillement, dans les pays neutres, de la vermine allemande campée chez nous depuis 1899, depuis la suppression du bureau des Renseignements, a eu des conséquences redoutables. Elle a servi la propagande boche, d'une manière en quelque sorte indéfinie. Ne furent, en général, gardés dans nos camps de concentration que des agents de second ordre, allant du domestique au petit boutiquier, et de la fraulein au commis-voyageur. Les grands premiers rôles échappèrent, et, connaissant le fort et le faible de notre pays, qui les hébergeait avec une si parfaite candeur, en profitèrent pour nous nuire savamment. Tel, par exemple, ce Max Nordau, littérateur et ethnographe de pacotille, qui s'était démené comme un diable au moment de l'affaire Dreyfus, avait diffamé nos premiers écrivains dans son sot livre, *Dégénérescence*, puis s'était consacré au sionisme et à l'exode de ses compatriotes juifs en Palestine.

Celui-là planta sa tente en Espagne et y fit, en
compagnie du traître Gaston Routier (condamné
depuis à mort, par contumace, pour intelligences
avec l'ennemi), une propagande efficace et pas-
sionnée. Ce qui ne l'empêcha pas, la paix venue
(alors que tous nos agents, de 1916 à 1918,
l'avaient signalé comme un de nos plus perfides
ennemis), de rentrer tranquillement à Paris et
d'y faire des conférences en faveur de la Jéru-
salem nouvelle. Tel encore Berthold Frischauer
(membre du comité d'honneur du monument
Zola), correspondant parisien du grand organe
sémite viennois, la *Neue Freie Presse*, qui prit
sa plume la plus venimeuse pour calomnier,
pendant toute la durée des hostilités, les naïfs
Français, ses hôtes. Telle la tribu des Langen
de Munich, des gens du *Simplicissimus*, satirique
illustré, furieusement proboche sous le masque
humanitaire, auquel collaborait le stupide fils de
Bjournsern Bjornson. Tel, enfin, le juif danois,
Georg Brandès, germanophile frénétique, fourbe
notoire, qui avait capté l'amitié de Clemenceau
et que Clemenceau dut renier et démasquer
publiquement, à un moment donné. Mais il
faudrait un volume pour la liste de ces poux de
culture, acclimatés et glorifiés à Paris, qui nous
couvrirent de leurs morsures envenimées, pendant cette période de grand assaut.

J'avais cru bonnement que la leçon servirait,
que l'effroyable carnage, accompli chez nous,

ouvrirait les yeux de mes compatriotes. Je reconnais que je me suis trompé. Cela tient au régime démocratique, qui met des œillères au citoyen, et le renferme dans la minute présente, sans communication avec un passé même récent, sans prévision de l'avenir. La préservation du territoire et de l'État est une préoccupation d'ordre civique, certes, mais fragile et éphémère, sans la continuité d'un pouvoir central incontesté. Pour la mémoire nationale, comme pour la mémoire individuelle, il faut un organe spécial et central, auquel aboutissent toutes les mnémosynes partielles et périphériques. Un fichier ne suffit pas. Il faut un être en chair et en os, qui mobilise et utilise le fichier.

D'ailleurs, c'est une erreur de croire qu'en République une surveillance quelconque des étrangers dangereux soit possible. La raison en est simple : un ministre républicain (même laborieux) n'a aucun contrôle sur ses propres services. La plupart du temps, il ne les connaît pas, il les confond entre eux. J'ai vu un ministre de l'Intérieur me soutenir que le service des Renseignements généraux (Préfecture de police), dont l'importance est considérable, quant à la sécurité publique, ne dépendait pas de lui, mais bien du Garde des Sceaux ! Il n'avait donc jamais convoqué le chef de ce rouage essentiel, et ignorait jusqu'à son nom. Il en va de tout ainsi. L'ignorance et l'inertie sont les deux grands couverts sous lesquels se réfugient les gouvernants qui fuient leurs responsabilités, c'est-à-dire *tous les gouvernants républicains*. Il en est d'eux comme de ces députés, ou de ces académiciens qui, une fois élus, n'assistent jamais aux séances, ni de la Chambre, ni de l'Académie.

Chapitre IV

COMMENT S'ÉTABLIT LE SYNCHRONISME ENTRE LES DEUX POUSSÉES ALLEMANDES : CELLE DU DEDANS, CELLE DU DEHORS.

De tout temps, les envahisseurs, qui n'étaient pas de simples hordes, ont cherché à préparer les voies de leur invasion par la dissociation intérieure, économique, financière, intellectuelle, de ceux qu'ils attaquaient. Quand Mithridate menaçait Rome, au temps de Sylla, il avait acheté, à Rome, une grande partie de l'ordre équestre (où se trouvaient les financiers d'alors) et les principaux meneurs révolutionnaires. Ce fut l'origine des proscriptions, par lesquelles Sylla sauva la patrie, avec une fermeté implacable, qui n'excluait pas la modération. J'ai expliqué cela longuement en contant, dans *Sylla et son destin*, la vie de ce génial et sage héros, si calomnié par les historiens grecs et libéraux, Plutarque en tête. Mais, depuis Fustel de Coulanges, qui donc se soucie d'écrire l'histoire? Au cours de la guerre de 1914-1918, les Allemands (qui ont d'ailleurs largement et abondamment potassé l'histoire de Mithridate et celle de Sylla) ont appliqué, en grand, chez nous, le procédé de corruption mithridatien. Ils y ont été aidés par l'institution démocratique, laquelle, sous couleur de suffrage universel, n'est, en somme, qu'une dissolution du pouvoir politique dans la finance, et dans la presse émanée de cette finance. La démocratie était déjà telle au temps d'Aristophane et au temps de Sylla, et, c'est pourquoi, Aristophane en Grèce, Sylla à Rome, combattirent si âprement la démocratie. Rien de nouveau sous le soleil.

De tels avertissements sont rarement écoutés. Maurras, Bainville et moi en savons quelque chose. D'abord parce que les hommes sont distraits, paresseux d'esprit et enclins à voir en tout « la force des choses », non la volonté perverse de quelques-uns. Le système parlementaire multiplie par cent ce penchant naturel du bipède raisonnant à l'aveuglement volontaire. Ensuite parce que les chefs d'État, en République, même s'ils prévoient l'éventualité de la guerre, ont une tendance à croire que cette guerre sera semblable à la précédente. Or, en 1870, la guerre avait été courte et surtout militaire, et la Commune de Paris n'avait pas donné l'impres-

sion d'être sortie d'un œuf spécifiquement allemand. D'autre part, la guerre 1914-1918 n'a
pas plus ressemblé à la guerre de 70-71 qu'un
tremblement de terre à l'incendie d'une ferme.
La prochaine guerre franco-allemande diffé-
rera certainement de celle de 1914-1918; mais
il est infiniment probable (à voir comment les
choses se poursuivent actuellement) que l'essai
de dissociation intérieure y sera poussé plus
avant qu'en 1917, et dès le début. J'écris précisément ce livre-ci pour que les mêmes fautes ne
soient pas commises.

Nous avons vu, dans le chapitre précédent, la
vermine allemande éparpillée, mais gardant,
chez nous, de nombreuses créatures, notamment dans la politique, dans la finance et dans
la presse. Créatures, bien entendu, encore
masquées pour l'immense majorité des Français.
Il était à prévoir que celles-ci viendraient en
aide, par-dessus les tranchées et les armées com-
battantes, au gouvernement allemand, qui les
stipendiait. Cela, sous les formes les plus diverses.
Je me rappelle être allé exposer ce point de vue,
dès le printemps de 1916, à un chef du bureau
des Renseignements au ministère de la Guerre,
dont le rôle a été, depuis, diversement et quelquefois très sévèrement apprécié par les écrivains
patriotes, dont moi; mais qu'un grand ministre
de la Guerre, André Lefèvre, défend avec une
éloquence, à la vérité, troublante et de remar-

quables précisions. Je veux parler (pourquoi ne pas le nommer?) du capitaine Ladoux, logé alors dans les bureaux du 288, boulevard Saint-Germain, avec, comme assistant ou chef de cabinet, le jeune Pierre Lafenestre. Certes, le capitaine Ladoux m'écouta fort courtoisement. Mais il ne tint aucun compte de mon exposé, qui portait sur les financiers de Caillaux et la bande du *Bonnet rouge*, et c'est ce qui, à l'époque, m'indisposa contre lui. Depuis, je me suis rendu compte que les arbres pouvaient lui masquer la forêt et que les cas individuels, et d'ailleurs importants dont il poursuivait la répression, le rendaient inattentif à la grande trahison, centrale et politique, qui rongeait l'État. En outre, ancien administrateur du *Radical*, donc inféodé à la politique de gauche, il avait été porté à voir en moi le partisan réactionnaire, plus que l'observateur patriote. Quelle erreur ! Je n'ai admis l'évidence de la trahison des deux chefs radicaux Caillaux et Malvy que quand elle m'a crevé les yeux; et l'horreur de cette révélation est demeurée encore vivante en moi.

En principe, tout chef de bureau des Renseignements craint de pouvoir être accusé d'espionnite, presque au même degré qu'un commissaire de police, ou un ministre de la Justice, ou un président de tribunal. Il est admis, chez les autorités répressives, du temps de guerre et du temps de paix, que les espions (dont elles ne

nient pas 'existence) n'espionnent pas tant que
cela, que les criminels ne tuent pas tant que
cela, que les feuilles proallemandes de Paris
ne sont pas si proallemandes que cela. Quand
le sort de la patrie n'est plus en jeu, passe encore !
Mais, quand le canon tonne à quatre-vingts kilomètres de Paris, vous avouerez qu'il est désagréable de lire, dans les yeux d'un juge important et grave, auquel on dénonce, en plein
prétoire, la besogne criminelle d'un *Bonnet
rouge* : « Tout cela, mes petits amis, n'est que
querelles de journalistes, et je vais vous renvoyer dos à dos. » Pendant ce temps-là, fusillés
dans le même dos par la trahison, des millions
de bons et braves soldats tombent ensanglantés,
qui auraient pu revenir... « manger la soupe par-
fumée, au coin du feu, le soir, auprès d'une
âme aimée ».

Au temps où nous sommes, on devrait
apprendre aux juges, aux ministres de la Justice, de l'Intérieur et de la Guerre, aux chefs de
bureau des Renseignements, aux commissaires
de police, etc., à lire les journaux. Je veux
dire à lire les intentions des journaux dans
l'ordre de la Défense nationale. La presse est
devenue en effet un élément essentiel, vital
de ladite Défense, comme un élément très
important de l'attaque ennemie. Elle est une
machine de guerre au dedans, un cheval de
Troie, d'autant plus dangereux qu'il est dissi-

mulé par la segmentation quotidienne d'un dessein perfide, qu'il échappe à l'attention de la foule, et, quelquefois, de cette demi-foule qui se croit une élite. On comprend ainsi les énormes sacrifices d'argent consentis par les Allemands pour l'achat, pendant la guerre, d'un grand quotidien tel que *le Journal*, ou pour l'entretien d'un *Bonnet rouge*, ou d'un *Éclair*. Ce sont là des fonds bien placés. Le mal (comme le bien) que peut faire la presse, en temps de guerre, est presque indéfini. Un Maurras, un de Mun, un Barrès, au début des hostilités, ont réellement électrisé l'esprit public.

Il s'est trouvé, en France, un professeur d'allemand, agrégé de l'Université, officier interprète, le lieutenant Louis Marchand, qui a pénétré à fond cette loi du synchronisme, que je voudrais maintenant dégager dans son ampleur. Car on en aura malheureusement besoin dans l'avenir, et sa connaissance dans la France de 1925 ou de 1930, comme dans la Rome de 86 avant J.-C., sera une condition de la victoire *moins chèrement payée*. Le lieutenant Marchand l'a pénétrée, cette loi, par l'étude attentive, minutieuse et simultanée, du journal du grand quartier allemand en langue française, *la Gazette des Ardennes* de Charleville, et du journal allemand de Paris *le Bonnet rouge*. Son livre, *l'Offensive morale*, est une sorte de chef-d'œuvre et devrait figurer en bonne place dans

toutes les bibliothèques, régimentaires et autres.
Il y est démontré, clair comme le jour, que *le
Bonnet rouge* n'était qu'une réplique de *la Gazette des Ardennes*, exploitant les mêmes thèmes,
dans les mêmes termes, ou le même style, et à la
même époque,... les mêmes thèmes destinés,
avec une adresse diabolique, à la dissociation
du moral français. Établie typographiquement sur
deux colonnes voisines, cela pendant 333 pages
d'un volume de grand format, cette concordance, tendant à l'identité, est un document de
premier ordre, une preuve accablante.

Une telle concordance exigeait évidemment
des communications quasi quotidiennes, une
courroie de transmission organisée, un service
spécial. L'existence et le fonctionnement d'un
tel service pendant trois ans de guerre seraient
inexplicables sans une complicité au centre,
d'une partie au moins de la police de sûreté
chargée de la surveillance des suspects, depuis
l'abolition de la police militaire affectée à la
même tâche. Or, du premier jour de la guerre au
mois de septembre 1917, il n'y eut qu'un seul
ministre] de l'Intérieur : Malvy...; et Malvy
était, avec Caillaux, Paix-Séailles, Cahen de
Caïffa, etc., commanditaire du *Bonnet rouge*,
auquel il faisait une mensualité.

Représentons-nous donc cette grande courroie
parabolique d'espionnage et de trahison, qui
va, du gouvernement et de la police de Berlin,

aux bureaux de *la Gazette des Ardennes* (dépendance du grand quartier allemand) à Charleville et de là au ministère de l'Intérieur, place Beauvau et aux bureaux du *Bonnet rouge*, rue Drouot. Représentons-nous le courant alternatif qui passe de Berlin vers Paris et qui revient de Paris vers Berlin. Telle est l'explication, matérielle et fort simple, du synchronisme entre les poussées allemandes du front militaire et les poussées, non moins meurtrières, des créatures des Allemands à Paris. Qu'un tel mécanisme et va-et-vient de trahison ait pu durer (même dénoncé comme il le fut, à partir de janvier 1915, où nous l'avions percé à jour), voilà ce qui étonnera l'avenir. Il n'est pas moins surprenant que les armées alliées aient pu, entre le début de 1915 et l'arrivée aux affaires de Clemenceau, remporter quelques succès partiels !

Car, en vertu du principe que « qui peut le plus peut le moins », il est parfaitement clair que la constante navette d'espionnage entre l'officieux *Bonnet rouge* et l'officielle *Gazette des Ardennes* (telle qu'elle ressort de l'ouvrage du lieutenant Marchand) ne se bornait pas au transport de thèmes d'articles appareillés. Elle servait aussi à renseigner le grand état-major allemand sur les projets militaires de l'Entente, notamment sur les dates et moyens de nos offensives. C'est la raison pour laquelle *la*

Gazette des Ardennes était installée à Charleville, sous la direction du renégat René Prévôt;
à Charleville, siège du grand quartier allemand !
C'est à la lumière de ces faits, incontestables et
incontestés, qu'il faut lire les sinistres tableaux de
nos pertes militaires, publiés au premier chapitre
du présent ouvrage. Comment, en dépit de
tous nos efforts, nos offensives d'Artois, de
Champagne, et l'Aisne, etc., auraient-elles pu
réussir, alors qu'elles étaient connues longtemps
à l'avance, et dès le moment de leur décision,
par la voie ordinaire, habituelle, courante,
Malvy-Almereyda-Charleville, ou, si vous préférez, Intérieur (français)-*Bonnet rouge-Gazette
des Ardennes*-grand Q. G. (allemand) !

Il est bien entendu que tous ceux qui subven-
tionnaient *le Bonnet rouge* et, en première ligne,
le déplorable Viviani, qui lui allongea vingt
mille francs, ne savaient pas ce que je viens
d'écrire et ce que je n'ai appris moi-même
que peu à peu. L'habileté de Malvy et d'Almereyda (le premier ayant, à mon avis, corrompu
le second en compagnie de Caillaux) fut de
couvrir du masque de la Défense républicaine
leur longue intrigue de trahison. Mais quel
honteux et prodigieux aveuglement chez ces
politiciens, qui versent de l'argent à un ancien
condamné de droit commun et à une feuille de
tendances ouvertement allemandes ! Car, sauf
pendant la période de la Marne (où Malvy,

étant à Bordeaux, Almereyda se trouva seul devant la police militaire de Clergerie), la collection du *Bonnet rouge* est là pour attester qu'à aucun moment de son existence il n'a cessé de servir, avec fidélité et loyalisme, les intérêts de l'ennemi. La farce, imaginée par Briand, d'un *Bonnet rouge* patriotiquement révolutionnaire jusqu'à la fin de 1916, et suspect à partir de là, ne tient pas debout et ne résiste pas à un examen élémentaire de dix numéros de la feuille atroce, pris au hasard de 1915 et du début de 1916. Je considère Aristide Briand comme une parole ignorante, et merveilleusement habile, au service d'une conscience totalement pourrie (ce qui n'est pas la même chose qu'une inconscience, ou qu'une aconscience), mais je ne le suppose pas assez bête pour avoir cru à la fable qu'il a débitée devant la Haute-Cour. D'ailleurs, ses rapports de police (sa seule lecture, car il n'ouvre jamais un livre) étaient là pour le renseigner. Il préférait fermer délibérément les yeux, d'abord parce que Malvy c'était la majorité de la Chambre de 1914, ensuite parce qu'il avait peur, et effroyablement peur, d'Almereyda et de Landau. Ce poisson redoutait ces crabes.

Lorsque j'ai déposé (ou plus exactement requis) au procès de Malvy en Haute-Cour (juillet 1918) je ne connaissais ni le livre du lieutenant interprète Marchand, qui ne devait paraître que plus tard, ni l'étroite connivence du *Bonnet rouge* et de *la Gazette des Ardennes*, ni le fait que *la Gazette des Ardennes* était l'organe du grand état-major allemand, l'organe annexe et officiel. Ainsi, ayant observé pendant la seconde phase de la guerre cette loi du synchronisme entre l'offensive et les résistances allemandes, sur le front de bataille, et la poussée proallemande à l'intérieur, je n'en voyais pas aussi nettement la cause matérielle et immédiate. Cependant, il y avait un fait frappant : l'entrée de Malvy (en mars 1917) au Conseil de guerre, où il n'avait que faire, aux applaudissements du *Bonnet rouge*. On conçoit l'enthousiasme de la feuille allemande. Le principal agent de l'ennemi se trouvait ainsi au cœur de la place, et renseigné, de première main, sur la conduite des opérations.

La Gazette des Ardennes a commencé de paraître dans les premiers jours de novembre 1914, et sa publication s'est poursuivie, sans interruption, jusqu'au retrait allemand de l'automne de 1918. *Le Bonnet rouge* a commencé de paraître à la veille de la guerre et a duré jusqu'au mois de juillet 1917, jusqu'à l'éclatement public du scandale du chèque Duval. Malvy a été ministre de l'Intérieur pendant trois ans de guerre. La collaboration du grand quartier allemand, de René Prévôt, d'Almereyda et de Malvy, fournit l'explication nécessaire et suffisante de la durée de la guerre, en dépit de la supériorité numérique de l'Entente et de la supériorité technique du haut commandement français. L'énormité même du scandale en a assuré la prolongation, par la répugnance qu'ont les braves gens à admettre la réalité d'un ocncert criminel, et qu'ont les beaux esprits à accepter, d'une série de faits, une explication d'ensemble. D'autre part, la censure fournissait à Malvy un bon paravent.

Certaines personnes ont pu s'étonner de ce que le gouvernement allemand, cherchant un organe de transmission et de propagande de trahison en France, ait acheté un journal ouvertement révolutionnaire, affublé d'un titre truculent et de collaborateurs notoirement tarés. Les Boches auraient eu, semble-t-il, plus d'avantages à l'acquisition d'une feuille terne, de nuance indécise, travaillant dans la grisaille et non dans le rouge, avec une équipe de journalistes honnêtes et abusés. Mais, d'abord, un tel auxiliaire de l'ennemi existait : c'était *l'Éclair* de Judet. Ensuite, une collaboration aussi étroite que celle du *Bonnet rouge* et de *la Gazette des Ardennes* comportait des risques, pour lesquels il fallait un gaillard d'une réelle audace. Enfin, si *le Bonnet rouge* ne cessa jamais de trahir, depuis sa fondation, du moins l'entrée de Duval (sous la signature inoubliable de M. Badin) amena-t-elle un ton nouveau, de faux et sinistre humour, destiné à donner le change au public moyen. En somme, le choix du *Bonnet rouge* par le G. Q. G. allemand tenait, d'abord, à la recommandation de Caillaux et de Malvy, ensuite à l'espoir germanique d'une émeute déclenchée à Paris, dès le début des hostilités. Pour cette besogne, il fallait une feuille dite « populaire », ou du moins telle que les généraux du kaiser se représentaient, en France, une feuille populaire. On les entend à Charleville, dans le bureau de la presse, se murmurer de l'un à l'autre, d'un air entendu : « *Ponnet Ruche !* »

Le lieutenant Marchand, à la fin de *l'Offensive morale* (La Renaissance du Livre, 78, boulevard Saint-Michel), définit *le Bonnet rouge* un « journal subventionné par le gouvernement français et organe du grand état-major allemand », et conclut ainsi :

« Au total, la collusion entre *le Bonnet rouge* et *la Gazette des Ardennes* paraît établie par trois faisceaux de faits :

« 1º La communauté des nombreuses campagnes menées par les deux journaux en vue de torpiller les énergies françaises et d'imposer à la France la paix allemande, campagnes qui se développent dans le même sens, utilisent les mêmes arguments spécifiquement « boches » et s'expriment parfois en termes tellement identiques qu'il est possible, par le rapprochement des textes, de remonter au canevas commun qui les a dictés.

« Il n'est pas une thèse de *la Gazette des Ardennes* que *le Bonnet rouge* n'ait défendue et tenté d'imposer. Il n'est pas un point de détail, si infime qu'il soit, sur lequel les deux journaux ne montrent le plus parfait accord.

« 2° Les immenses services rendus par *le Bonnet rouge* à l'état-major allemand, par la publication d'articles qui devaient démoraliser les Français et que *le Kriegspressamt* a utilisés d'autre part :

« *a)* Dans les régions envahies, pour déprimer les populations françaises;

« *b)* Dans les pays neutres, pour justifier toutes les mesures prises par les autorités militaires allemandes et relever le prestige de l'Empire;

« *c)* A l'intérieur, pour ravitailler le moral du peuple allemand.

« 3° L'insertion dans *le Bonnet rouge* d'articles rédigés par des collaborateurs de *la Gazette des Ardennes*, agents directs de l'état-major allemand.

« Chacune de ces preuves est basée sur des documents irréfutables et immédiatement contrôlables. »

Les Allemands (c'est un trait de leur caractère que j'ai eu à noter maintes fois), voient les choses en développement *(entwicklung)*.

Aux yeux du G. Q. G. de Charleville, *le Bonnet rouge* devait servir de point de départ : 1º à une série d'attentats politiques; 2º au déclenchement de la révolution à Paris. Il était considéré comme le pivot d'une future Commune. Quand cette espérance diminua, on l'employa, comme nous le verrons, à fomenter des mutineries militaires. On m'excusera de citer quelques-unes des innombrables excitations qu'il publia contre Maurras et contre moi, dans l'espoir évident d'armer le bras d'un exalté ou d'un mercenaire; car les ripostes vigoureuses que nous lui opposions le mettaient en mauvaise posture pour opérer lui-même :

« 6 juin 1915. — *Les serviteurs de l'étranger*, Léon Daudet : « Il ne faut pas que ce louche individu poursuive sa besogne malpropre... »

« 7 juin 1915. — *Les serviteurs de l'étranger*. Quelques avatars de L. Daudet.

« ... Dire ce qu'est cet individu, qui déshonorerait l'humanité s'il n'y avait pas en lui davantage du pourceau que de l'homme, c'est faire échouer ses manœuvres. Ces agents, l'Allemagne les recrute parmi les hommes perdus de vices coûteux et prêts à tout pour de l'argent...

« Or, de quoi se soucie Daudet? Qu'est-ce qu'il cherche, c'est de l'or, rien que de l'or.

« Nous continuerons à éclairer à la lumière du passé l'âme de cet agent dont le mystère sera bientôt dissipé. » *(Anonyme.)*

« *10 juin 1915. — Les serviteurs de l'étranger.*
Léon Daudet contre l'Entente cordiale : « Le
clan des *yes.* »

« Il (Daudet) oublie que peu de temps avant
la guerre... tandis qu'il faisait sans accroc
métier d'agent prussien... il accusait pareille-
ment nos hommes politiques d'être vendus,
mais à l'Angleterre. Il parlait alors du « clan
des *yes* »... Il fabrique aujourd'hui, pour donner
le change, « le clan des *ya* »... Brûlé comme
espion, il est perdu, nous l'achèverons. »

« *11 juin 1915. — Les serviteurs de l'étranger.*
Une conversion de Léon Daudet : « Le journal
de M. de Schoen, *l'Action française,* s'imagine
que nous venons de découvrir Léon Daudet et
que seules ses trahisons d'aujourd'hui sont
connues de nous... etc. » *(Anonyme.)*

« *12 juin 1915. — Les serviteurs de l'étranger.*
Une autre conversion de l'agent Daudet : « Agent
secret au service de l'ennemi, Daudet conserve
quelques naïfs partisans... l'écœurant bandit
garde des défenseurs. Certes Daudet a tort,
disent-ils, et sa polémique est funeste au pays.
Mais il ne s'en rend pas compte, c'est la passion
politique qui l'emporte et l'égare. La passion
politique. Le gros hernieux à ces mots doit rire
jusqu'à casser son bandage... (¹) cet être, — toute

---

(1) Je dois à la vérité de dire que je n'ai ni hernie, ni
bandage.   L. D.

sa vie le montre, — subordonne toutes ses passions à celle de l'or. La vénalité éclipse ses autres vices. » *(Anonyme.)*

« 15 juin 1915. — *Les serviteurs de l'étranger.* La psychologie d'un traître : « Il fallait à Maurras d'autres collaborations. Il accepte celle de l'ennemi. »

« 16 juin 1915. — *Les serviteurs de l'étranger.* Le plan de la Wilhelmstrasse : « C'est sur l'ennemi que comptent Daudet et Maurras.

« Ils ont partie liée avec l'Allemagne. Leurs intérêts et ceux du kaiser concordent.

« Que veut le kaiser? La guerre, — une guerre dont la France sorte écrasée.

« Que souhaitent nos deux coquins? La guerre, car seule une guerre, — ils ne le nient point, — peut rendre possible un changement de régime.

« Guillaume II a dû leur donner un *satisfecit* tintant d'or quand il a appris l'assassinat de Jean Jaurès, leur œuvre. » *(Anonyme.)*

« 17 juin 1915. — *Les serviteurs de l'étranger.* Un Daudet en robe rouge : « ... Dans tous les lieux, dans tous les temps, de toutes les façons, *l'Action française*, la bande Daudet, entraînée par la fatalité, trahit la France irrésistiblement. »

« 18 juin 1915. — *Les serviteurs de l'étranger.* Elle est bien bonne. Les pandiffamateurs poursuivent *le 'Bonnet rouge* pour diffamation! » *(Anonyme.)*

« 20 juin 1915. — *Les serviteurs de l'étranger* (15e article). Daudet et ses royalistes sont prêts à tuer la France pour ressusciter la monarchie. » *(Anonyme.)*

« 21 juin 1915. — *Les serviteurs de l'étranger.* Semeurs d'épouvante. Les efforts de Daudet pour ébranler la confiance. Les factums alarmistes. »

Il y en a comme cela, des pages et des pages, dans plus de sept cents numéros du *Bonnet rouge*, sans compter des histoires mirobolantes d'ecclésiastiques en désaccord avec Maurras, pieusement recueillies par la cohue de dégénérés, d'apaches, d'espions, de maîtres chanteurs, de députés et de ministres républicains, groupés autour de Vigo dit « Almereyda », (selon l'anagramme fécale : « La m.... y a »), de Caillaux et de Malvy. Cette outrance, jointe à cette absurdité, trahissent la manière boche et nous procurèrent je l'avoue, dans ces heures tragiques, quelques bons moments. Une telle fureur, soufflée de Charleville occupée, nous prouvait que *Kiel et Tanger* et *l'Avant-Guerre* avaient porté et nous indiquaient le chemin à suivre. Mais, le plus joli, c'est que la censure française, qui laissait passer ces gentillesses, nous interdisait de citer, dans nos répliques, d'un ton naturellement plus calme, les noms des « patrons » du *Bonnet rouge* de ce côté-ci du Rhin, de Caillaux et de Malvy !

Notez, pour l'intelligence de ce qui va suivre,

que, dans le courant de l'année 1917, *le Bonnet des Ardennes* (pour lui donner son véritable titre) afficha sur tous les murs de Paris et des principales villes de province, une liste de ses collaborateurs, où figurait le ministre de la Guerre, Paul-Prudent Painlevé ! Celui-ci, il est vrai, ne donna pas de copie au journal de son ami Caillaux et du G. Q. G. allemand; mais il ne protesta pas contre l'usage fait de son nom et de sa qualité; et, dans son inoubliable plaidoirie du 17 avril 1917 pour *le Bonnet rouge*, qu'il défendait contre nous, l'aimable et subtil de Monzie fit allusion à cette haute collaboration dans des termes fort galants.

Au printemps de 1916, je publiai dans *l'Action française*, en feuilleton, puis en librairie, chez mon vieil ami Arthème Fayard, un roman forcément édulcoré (vu les circonstances) sur l'espionnage boche, sous ce titre : *La Vermine du monde*. Les difficultés commencèrent tout de suite à propos de l'affiche, remarquable et haute en couleur, de Jeanniot, qui annonçait le bouquin, et dont notre dévoué secrétaire administratif, René Theetten, avait envoyé un exemplaire à la préfecture de police pour visa. Cette affiche représentait un grand et osseux Boche en civil, décoré de la Légion d'honneur, assailli par un poilu, qui se préparait à le fourrer au bloc, cependant que d'autres Boches des deux sexes fuyaient épouvantés. Dans le fond défilaient quelques appétissants cochons coiffés, jusqu'au groin, du casque à pointe. C'est un fait que Jeanniot, qui a fait la guerre de 70, n'aime pas les Allemands. C'est un grand et consciencieux artiste, un ami loyal, une nature d'élite, mais on n'est jamais parfait : il n'aime ni l'art allemand, ni les Allemands. Il a même consacré, à la peinture de leurs atrocités de 1914, une série de planches dignes de Goya et qui sont autre chose que Goya.

Au printemps de 1916, Almereyda, féal de Malvy, était (comme il fut démontré au procès du *Bonnet rouge*, puis à la Haute-Cour) le véritable préfet de police. Il y faisait la pluie et le beau temps. Les plus hauts fonctionnaires tremblaient devant lui et parlaient avec un respect profond de « monsieur Almereyda » et de « monsieur Landau ». Il y a toujours eu, à la préfecture de police, chez certains hauts fonctionnaires, notamment aux renseignements généraux et à la police judiciaire, une bizarre sympathie, qui va jusqu'à la fréquentation et à l'affinité (j'allais dire jusqu'à la connivence) avec les plus notoires scélérats et maîtres chanteurs. Ou plutôt il y a exactement deux clans, comme dans la politique : le clan patriote et celui de l'Antifrance. Le malheur est que, depuis Combes et Caillaux, le clan de l'Antifrance domine et brime le clan de patriotes, notamment quand le préfet est très *à gauche*, ou très timoré.

A l'occasion des affaires de trahison, j'ai reçu, des milieux ardemment patriotes, et outrageusement opprimés, de la police et de la sûreté générale, une multitude de renseignements et de rapports circonstanciés, qui m'ont permis de me faire une idée nette de ces centres administratifs, si importants pour le maintien de l'ordre dans la société. Je crois que, le cas échéant, je ferais un bon ministre de l'Intérieur. Au moins saurais-je ce qui se passe dans mes services, contrairement à la plupart des ministres de l'Intérieur de la République.

A l'époque dont je parle, le préfet de police (successeur du sinistre Hennion) était un fort brave homme, d'une stupidité ingénue et opaque, répondant au nom de Laurent. Je l'avais baptisé « le somnolent », parce que, quand on lui parlait, il vous écoutait en bâillant, cependant que ses paupières retombaient sur deux yeux ronds et inexpressifs. Je connais un ravissant petit garçon (c'est mon neveu, Antoine Allard, âgé de deux ans et demi, coqueluche de la famille) qui, renseigné sur n'importe quoi, lève au ciel deux minuscules bras, comiques et gras, en s'écriant : « Ah ! mon Dieu, pas possible ! » Ainsi faisait le bon Laurent, au cours d'une première visite où je lui signalai (pour m'amuser à ses dépens) quelques espions chers à Malvy. Le cher homme ne voulait pas croire qu'il y eût du si mauvais monde. Il avait bien

entendu parler d'une guerre atroce, faite précisément par les Allemands à quelque 80 kilomètres de Paris; mais il ne pensait pas qu'elle
eût quelque répercussion en cette grande ville,
dont le calme l'émerveillait. Je le laissai à cet
émerveillement.

Ma seconde visite avait trait à l'affiche de
Jeanniot, considérée, paraît-il, comme *objectio-
nable.* J'accourus à la préfecture et fus introduit
aussitôt. Près du somnolent, affable et recouvert
d'un sourire vague, comme d'une housse, se tenait
un personnage noir pâle, poncé, ténébreux, que
le préfet me présenta : « Monsieur Maunoury. »
L'affiche litigieuse était étendue sur le bureau.
On entendait, dans la grande cour du bas, des
rires de gardiens de la paix.

« Monsieur Maunoury » (que j'ai appris depuis
avoir les mains plutôt larges en matière de
passeports) me fit observer, d'un ton sévère :

1º Qu'il était contraire à la vraisemblance
d'attribuer la Légion d'honneur, — par voie
d'affiche, — à un espion allemand;

2º Que les gendarmes, — et non les soldats, —
avaient la mission d'arrêter les espions.

Nous réveillâmes Laurent pour lui exposer le
cas, qu'il comprenait mal. Je citai quelques
notoires espions et financiers allemands, qui
avaient le ruban, la rosette, même la cravate.
J'ajoutai que, dans l'entourage de Caillaux (que
je savais cher à Maunoury) les espions décorés,

fraîchement décorés, foisonnaient. Je proposai d'attribuer au personnage de Jeanniot de simples palmes académiques. Mon insistance et l'entrée en scène de Caillaux parurent faire impression. On céda. Je promis de demander à Jeanniot qu'il habillât son poilu en gendarme. Je fis remarquer qu'un gendarme, devenu poilu, avait pu, par mégarde, sortir de son second rôle en arrêtant un espion.

— Ah ! mon Dieu, pas possible !... fit Laurent.

Ensuite, je demandai, fort poliment, à « monsieur Maunoury » s'il voulait bien avoir l'obligeance exquise de me laisser seul avec le dormeur. Il se retira derrière la porte, où j'entendais crisser ses bottines. Alors, d'une voix tonnante, je demandai au préfet de songe « quand il arrêterait l'espion Almereyda ». Cette question l'épouvanta jusqu'à le réveiller. Il m'annonça que « monsieur Almereyda » était devenu un patriote remarquable, tout ce qui se fait de mieux au ministère de l'Intérieur, et qu'il avait rendu de grands services au début de la guerre. Je rompis l'entretien sur cette déclaration. Mais je sus ensuite, qu'averti de ma visite à Laurent, le directeur du *Bonnet rouge* s'était informé des motifs et du thème de notre entretien. Évidemment, il avait soufflé à « monsieur Maunoury » les modifications à apporter à notre affiche.

Quant à la censure, elle se borna, dans la

personne du très sympathique M. Gautier, conseiller d'État et maire de Saint-Ouen (où sont les meilleures rillettes de Touraine), à me demander la suppression, dans mon premier chapitre, d'un certain « Laronce », qui ressemblait à Louis Lépine, ex-préfet de police. Décidément, je n'avais pas de chance avec la Tour Pointue. Afin de ne pas chagriner M. Gautier, je supprimai « Laronce », — qui d'ailleurs n'était pas indispensable au récit, — me promettant de rattraper Lépine au quart de cercle, quand l'occasion s'en présenterait.

Cette historiette montre à quel degré en étaient descendus les pouvoirs publics, dans la soumission au *Bonnet rouge*. On sut plus tard (affaire du chèque Duval) que, chaque soir, Almereyda téléphonait aux copains de la préfecture de police pour affaires de service, ordonner l'élargissement de celui-ci, la mise en surveillance de celui-là, etc... Et, pendant ce temps, les déchiffreurs du ministère de la Guerre signalaient que la désignation cryptographique L. B. 137, dans les sans fils allemands interceptés, ne pouvait s'appliquer qu'au directeur du *Bonnet !*

Car, c'est une caractéristique de cette invraisemblable époque et de cet invraisemblable régime que des rapports secrets, établissant l'indignité de Caillaux, de Malvy et leurs agents, arrivaient automatiquement aux services rivaux de la sûreté générale et de la préfecture de police; qu'ils prenaient place dans les archives, sans que l'administration y jetât un coup d'œil; qu'ils dormaient, pendant des semaines ou des mois, au fond d'armoires ou sur des bureaux poussiéreux; puis qu'ils étaient transmis, par des mains vigilantes, partie aux renseignements militaires, partie à *l'Action française.* J'ai déposé, entre les mains de la commission d'instruction de la Haute-Cour, la plupart de ces pièces de choix. J'en ai conservé quelques-unes, pour mon petit musée de la trahison. À un certain moment, quand les choses chauffèrent, ces dossiers m'arrivaient par paquets, avec toutes les herbes de la Saint-Jean de l'authenticité officielle, si bien que j'en étais submergé. Comment nous nous y prîmes, Plateau et moi, pour que jamais aucun expéditeur ne fût chipé par les proallemands ni les caillautistes des diverses polices, voilà ce que je ne dirai point. On ne sait pas ce qui peut arriver ni si, la guerre revenant, les mêmes précautions ne seront pas nécessaires.

A la Sûreté Générale (ministère de l'Intérieur, place Beauvau) le maître contesté était un solide et jovial garçon du nom de Leymarie, celui-là même que Clemenceau, dans un article historique de *l'Homme enchaîné,* appela « le Raspoutine de la maison », en souvenir de l'illuminé russe. Mais Leymarie n'avait nullement la réputation d'un illuminé, ni d'un mystique. Créature de Malvy, soumis à Malvy, ne voyant que par Malvy, bambochant avec Malvy, jouant au poker avec Malvy, il était entré, aux côtés de Malvy, dans la connivence progressive avec *le Bonnet rouge*, « monsieur Almereyda » et « monsieur Jacques Landau », ce qui devait lui coûter cher. Je n'ai jamais vu, ni même aperçu M. Leymarie, mais je me représente fort bien la pente sur laquelle ce malheureux a glissé. Il ne comprit exactement la situation que le jour où le capitaine Bouchardon le menaça de l'arrêter dans son propre cabinet, s'il continuait à masquer la vérité. Derrière Leymarie, il y avait un personnage redoutable, tout dévoué à la politique de Caillaux, le sieur France. Mais, dans ces bureaux, empestés par les miasmes de l'anarchie et de la trahison (où fréquentaient assidûment un Almereyda et un Sébastien Faure), veillait une conscience droite, une âme d'élite, un patriote déterminé, dur d'oreille, d'autant plus attentif, fermé à tout ce qui n'était pas son devoir : le contrôleur général Auguste Moreau.

Ni les généraux commandant en chef, un Joffre, un Foch, un Pétain, etc., ni leurs états-majors, ne semblent avoir eu la moindre notion de ce qui se passait à l'arrière, au moins jusqu'au printemps de 1917. Cela se comprend. Ils étaient tout absorbés par leur besogne militaire, enclins à considérer les choses de la politique comme secondaires, et ils ignoraient le degré de pourriture auquel était parvenue, en 1914, la démocratie. Exception faite pour le malheureux général Nivelle (dont la trahison brisa l'offensive) et qui paraît bien avoir eu l'aperception de certains redoutables secrets. Maintes fois, au cours des hostilités, j'eus la tentation d'aller trouver celui-ci ou celui-là et de lui ouvrir les yeux. Mais je me disais aussitôt qu'une telle démarche compromettrait, — s'il me recevait, — celui auprès de qui je la ferais. Attendu que n'étant pas député, étant codirecteur d'un journal royaliste, je n'avais pas voix au chapitre. En outre, je n'avais pas, dans mes dossiers, un papier de la main de Caillaux ou de Malvy, reconnaissant qu'il était un traître; et, pour les hommes de guerre, qui vivent dans le comble du fait (si j'ose dire) qu'est le combat et la préparation du combat, une preuve de fait est toujours requise. Enfin, par nature, les plus hardis d'entre eux, sur le terrain de leur profession, demeurent perplexes devant une accusation portée contre un politicien, surtout quand ce politicien est le maître de la majorité.

Parmi les hommes politiques eux-mêmes, à qui parler de ce synchronisme, évident pour mes collaborateurs comme pour moi, mais dont la reconnaissance impliquait une rupture de camaraderie, c'est-à-dire une sorte d'héroïsme? A Viviani? Il avait subventionné *le Bonnet rouge* au début et il était lié avec Malvy, sans d'ailleurs, le pauvre garçon, y voir autre chose que du feu. A Briand? Autant aller se plaindre à la vipère des piqûres du cobra ! Au Président de la République, Poincaré? La Constitution enlève au Président de la République tout moyen d'action réelle, lui coupe les bras et les jambes, et laisse à l'Élysée un dérisoire tronçon, seulement pourvu d'une langue pour se plaindre. Si j'avais connu Millerand à l'époque, c'est à lui que je me serais adressé, en fin de compte, comme au ministre de la Guerre de la Marne. En outre, il est méfiant, donc perspicace. Mais il m'aurait dit : « Je ne suis plus rien. » Quant à Clemenceau, il était malaisé (sauf pour ses intimes) de prévoir, dès 1916, son discours au Sénat de juillet 1917 contre Malvy; et puis nous avions vertement relevé, Maurras et moi, la hargne inopportune et stérile du vieux tigre dans son *Homme libre* des débuts de la guerre; et il aurait pris ma démarche pour un repentir ou une flagornerie.

Le soubassement de la politique républicaine (comme celui de la politique impériale d'ailleurs), ç'a toujours été la police secrète. Mais la monarchie était maîtresse de sa police, qu'elle tenait fermement en main; au lieu que la démocratie, plébiscitaire et napoléonienne, — sauf au temps de Fouché, — ou parlementaire, n'a jamais tenu la sienne en main, à cause précisément de ces clans, qui champignonnent sur tout régime électoral. La suppression (septembre 1899) du deuxième bureau des renseignements militaires, en laissant la bride sur le cou aux clans de la police civile, a permis le développement, au sein de celle-ci, d'un puissant parti proallemand, dévoué à la personne et aux théories de Combes d'abord (affaire des fiches), puis de Caillaux. Au début de la guerre, il y eut bien un retour de police militaire et nationale, avec Clergerie et Beaudier. Mais, comme je l'ai dit, dès le retour de Malvy à Paris, cette police militaire, battue en brèche, puis dispersée, céda la place à la sarabande des policiers proallemands qui souhaitaient, comme leurs maîtres, la paix blanche, sans vainqueurs ni vaincus, clôturant, à nos frais, *l'accident* de la guerre, et un nouveau « rapprochement franco-allemand ».

Je fais pénétrer ici le lecteur dans une région qui lui est presque totalement inconnue et sur laquelle le journalisme quotidien à grand tirage (même en dehors de toute censure) tire un voile prudent. Les ouvrages publiés sur la police secrète, c'est-à-dire sur la police politique, ne sont qu'un tissu de ridicules bobards. Les auteurs de ces ouvrages, ou bien ayant mis la main à la pâte, observent le secret professionnel par crainte de leurs successeurs, ou bien parlent de ces choses de chic et, comme on dit, d'après les récits des voyageurs. Or, mes études et campagnes sur la politique allemande en France avant la guerre (à la faveur de notre démocratie) m'ont mis un beau jour nez à nez avec la police politique. J'ai voulu savoir de quoi il retournait. Je l'ai su. J'ai eu entre les mains une foule de dossiers concernant des hommes publics, — dont mon propre dossier — et j'ai pu me convaincre de la légèreté avec laquelle sont trop souvent composés ces « sommiers » de la Police Judiciaire et des Renseignements Généraux. Mais, derrière cette documentation et au-dessus d'elle, il m'est apparu un réseau ténébreux qui fait le joint entre la politique révolutionnaire (arc-boutant chez nous de la politique de gauche) et la politique dite de rapprochement franco-allemand. La révolution bolcheviste en Russie a apporté un nouvel élément de corruption policière aux éléments antérieurs ; mais il s'est greffé tout aussitôt sur l'élément allemand ; de sorte que Maurras a pu dire, à juste titre, que le dictionnaire politique et policier peut se résumer ainsi : *Moscou... voir Berlin.*

En somme, pendant que les armées françaises et anglaises luttaient contre les armées allemandes, sur le sol français, une lutte, concomitante et synchronique, se poursuivait entre la police allemande de Berlin, flanquée et assistée chez nous de la police proallemande, et la police demeurée française. La police proallemande avait pour elle, outre un certain nombre de journaux, des hommes politiques

menant la majorité de la Chambre de 1914, et,
notamment, le ministre de l'Intérieur français.
Elle avait contre elle *l'Action française* jusqu'en novembre 1917 et, à partir de novembre
1917, Clemenceau et ses collaborateurs. Elle
avait contre elle aussi l'énorme pression de la
guerre, sans laquelle ni nous, ni Clemenceau,
ni ses collaborateurs, n'aurions eu le dessus.
Néanmoins Clemenceau et ses collaborateurs
eurent le tort (dans leur crainte de détruire le
régime, en détruisant sa police) de ne pas
extirper, par le fer et le feu, cette police pourrie
« d'Allemands », de créatures de l'Allemagne.
Elle chercha sa revanche, par son procédé classique, cette police proboche, d'abord dès 1919,
contre Clemenceau, en armant le bras de Cottin,
puis, en janvier 1923, contre *l'Action française*, en armant le bras de la fille Berton.

J'ignore tout du fonctionnement de la police
politique anglaise. Elle est demeurée, à ma
connaissance, assez inerte pendant la guerre,
où elle eût pu cependant collaborer efficacement avec la partie saine de notre police. Mais
le gouvernement anglais, en général, parut aussi
ignorant des concordances fondamentales, que
j'essaie d'établir ici, entre la guerre militaire et la
guerre policière, que pouvaient l'être les meilleurs républicains, un Poincaré, un Millerand.
C'est un point de vue dans lequel il n'entra
pas. C'était pourtant la clé de la victoire.

Chapitre V

RÉVOLUTION EN FRANCE OU EN RUSSIE ? — LA FRANCE VACCINÉE.

Sur la foi de leurs agents financiers et politiques, campés chez nous depuis 1900, les Allemands étaient convaincus que la déclaration de guerre donnerait, en France, le signal de la révolution. Ce fut leur première déception. La seconde fut la victoire de la Marne, dont les grands chefs des armées du kaiser sentirent immédiatement l'importance, notamment de Moltke, lequel fut pris d'une crise de désespoir et de larmes, du plus comique effet, paraît-il, sous son casque à pointe. A partir de là, Guillaume II fut évincé de plus en plus des conseils et décisions militaires, la preuve de son incapacité étant faite. L'offensive de Verdun, grande idée du kronprinz et de Falkenhayn, rouvrit le chemin des vaines espérances boches, de février à août 1916. Mais, après août, il fallut bien déchanter, et de plus en plus, jusqu'en octobre. Il n'est pas douteux qu'à ce moment le grand état-major de Berlin se tourna vers les directeurs de la propagande de presse et autres, devenue un énorme service aux ramifications innombrables et où l'on dépensait l'argent sâns compter. Les deux principaux directeurs de ce service semblent avoir été Jagow, ancien préfet de police, puis ministre au moment des hostilités, et Lancken, conseiller d'ambassade à Paris, 18, rue de la Ville-l'Évêque, avant la guerre, par la suite gouverneur de la Belgique occupée, connaissant bien son personnel d'agitateurs et de contre-espions en France, et d'une imagination réellement fertile. Il faut y joindre Ratibor, ambassadeur d'Allemagne en Espagne, et Romberg, ministre d'Allemagne en Suisse. Ces quatre hommes ont brassé des millions et des millions. Leur but, auquel ils s'acharnèrent dès le début de 1916, fut de faire éclater simultanément une révolution en France et en Russie. Projet, remarquons-le, calqué sur celui de l'invasion militaire, laquelle comportait, du temps de Schlieffen, une attaque par la Belgique (celle que maintint le plan de Moltke) et une attaque sur la frontière russe. On reconnaît ici l'esprit méthodique et entêté des Allemands.

Une révolution en France, c'était en effet une idée. Mais comment la réaliser? L'état de siège, les tribunaux militaires, la censure de presse, le patriotisme résistant de la nation,

les hauts salaires des ouvriers d'industrie, constituaient autant d'obstacles, dont on ne pouvait,
même à Berlin, se dissimuler l'importance. Les
seuls atouts (mais ils étaient de taille) consis-
taient dans la prédominance, à la Chambre,
de l'élément socialiste et révolutionnaire, soumis
à la férule de Caillaux, et dans la présence de
Malvy au ministère de l'Intérieur. C'est pourquoi, si incroyable que la chose paraisse encore
à beaucoup d'esprits peu clairvoyants, l'inamovibilité du seul Malvy dans son ministère
(à travers les changements de cabinet) fut
l'œuvre de l'influence allemande. Je défie
d'ailleurs qu'on en trouve une autre explication,
tirée, soit des qualités administratives de Malvy
(qui étaient nulles), soit de son action personnelle sur ses collègues, en général inexistante,
soit d'une dilection spéciale du Président de
la République Poincaré, lequel n'avait aucun
goût particulier pour cet abject et ignorant
noceur. Par contre, nombreux étaient les fonctionnaires de l'Intérieur et de la préfecture de
police qui s'étonnaient de la permanence d'un
tel coco et en devinaient la raison occulte. On
le savait atteint de la passion du jeu et profondément dissimulé. Un cambriolage effectué chez
lui, au cours duquel disparaissait un important
dossier des *roses* (c'est-à-dire des réponses)
d'Agadir, pendant l'exode à Bordeaux, avait
paru bizarre. Il flottait, autour de sa personne,

une atmosphère de soupçon étrange... « capable
de tout », disait un de ses familiers, à qui l'écho
des bureaux de la place Beauvau répondait :
« Mais bon à rien. »

Auprès de lui son homme à tout faire, son
âme damnée, un gros garçon jouisseur et veule,
mis à la tête de complications policières dont
il ignorait le premier mot et qui paya cher sa
docilité au patron : Leymarie. Derrière Leymarie, un type mystérieux, indéfinissable, flot-
tant entre les clans républicains qu'il flattait,
reniait et desservait tour à tour, le plus roué
sans doute de tous les manitous de la place
Beauvau (école de Hennion) et, comme tel,
ardent caillautiste, le nommé France.

Le procès de Malvy en Haute-Cour (qui n'a
pas été recueilli par l'*Officiel*, conformément à
des instructions évidemment officieuses) a mis
en pleine lumière les complaisances criminelles
de Malvy pour un homme tel que Sébastien
Faure. Qu'est-ce que Sébastien Faure? Un type
singulier d'hérédo (donc de ferment social), bien
doué notamment quant à l'art de la parole et,
chose plus cocasse encore, de l'enseignement;
sorte de pédagogue anarchiste, atteint de tares
sexuelles, qui l'ont fait condamner à deux
reprises pour outrage public à la pudeur, à
cheval sur les hommes de main et sur les politiciens de gauche. Au résumé, un personnage
dangereux, pas très différent d'ailleurs de son

ancien copain, Aristide Briand, sept fois président du Conseil, éloquent comme lui et, comme lui, condamné en première instance, jadis, pour outrage public à la pudeur, dont l'exonéra ensuite la Cour de Poitiers. Pourquoi dame Fortune a-t-elle ainsi favorisé Aristide Briand, non Sébastien Faure? C'est ce que je ne me charge point d'expliquer. Toujours est-il que, le 26 janvier 1915, Malvy appelait dans son cabinet Sébastien Faure, accusé de propagande antimilitariste et, au lieu de lui laver la tête (comme il avait été convenu en Conseil des ministres), lui apprenait que son dossier de police, ultra-compromettant, avait été détruit par le feu : « Rassurez-vous... tout a été réduit en cendres et il n'en sera plus question. » Naturellement, Sébastien Faure prenait cette magnanime déclaration d'indulgence pour ce qu'elle était en réalité (un encouragement) et continuait sa propagande révolutionnaire de plus belle. A cette même Haute-Cour, il fut établi que, d'ordre de Malvy, Leymarie avait favorisé, de tout son pouvoir, les divers essais de grève de 1916 et de 1917, notamment parmi le personnel des employés du ministère des Finances.

Tandis que les conférences patriotiques étaient interdites par l'Intérieur (comme le prouve mon propre cas), les conférences anarchistes (en premier lieu celles de Sébastien Faure et de son ami Vandamme, dit « Mauricus ») étaient imposées aux autorités militaires et, malgré leur avis certain, par le cabinet de Malvy. On n'en finirait pas d'énumérer les avantages accordés par l'inamovible de la place Beauvau à tous ceux qui, de près ou de loin, pouvaient servir éventuellement la cause de l'émeute et de la sédition, notamment au sinistre petit Henri Guilbeaux, passé en Suisse, le 2 juin 1915, après une réforme de complaisance, et avec un passeport en règle, pour y rejoindre Lénine et sa bande. Guilbeaux fait actuellement partie de l'état-major bolcheviste. Il a été condamné en France à la peine de mort par contumace, pour intelligences avec l'ennemi. Il importe de noter ici, pour n'avoir plus à y revenir, que la Suisse a été, pendant la guerre, le refuge de tous les suspects de l'Entente et la forteresse inexpugnable des principaux agents allemands. Pendant toute la durée de la guerre la censure interdit formellement de faire la réflexion que je fais ici. J'ai une réelle sympathie pour le peuple suisse, où dominent les braves gens et les patriotes, néanmoins je ne comprends pas comment il ne fut pas exigé du gouvernement fédéral, par la France, la Belgique et l'Angleterre, que les nationaux français, belges, anglais, accusés de trahison dans leur pays d'origine, et réfugiés en Suisse, nous fussent livrés après enquête. Nous avons gardé ainsi sur notre flanc (en liaison avec les services d'espionnage et de contre-espionnage allemand) un véritable abcès genevois et bernois, d'où sont partis finalement les streptocoques et staphylocoques qui ont infesté l'empire russe et auraient parfaitement pu nous infecter... il faut bien le dire, si *l'Action française* n'avait pas été là.

Car la police d'État (sûreté générale et préfecture), d'août 1914 au 16 novembre 1917 (arrivée de Clemenceau aux affaires), n'a pas été au service de la nation. Elle a été, comme le ministre de l'Intérieur radical-socialiste, au service de la révolution et au service de l'Allemagne. Je compte vous le démontrer surabondamment. Tout était préparé pour l'avènement chez nous des comités d'ouvriers et de soldats, d'après le modèle de Lénine-Guilbeaux, et pour l'écroulement simultané de la bourgeoisie et de la paysannerie françaises. Les ressorts étaient en place et très suffisamment remontés. Les capitaux étaient réunis. Il ne manquait plus que le signal du maître, lequel, en l'espèce, était Malvy. Mais Malvy ne donna pas ce signal, parce que nos campagnes impitoyables le privèrent de ses hommes de main, l'intimidèrent, le traquèrent, et finalement le jetèrent à bas du poste essentiel où l'avait campé Caillaux. Ajoutons que la révolution de type prolétarien (ou plus exactement juif-prolétarien, bancaire-prolétarien) était et demeure destinée, en France, à un fiasco complet.

Il n'y a pas de subversion sociale quand l'État résiste à cette subversion, je veux dire maintient son armée saine et demeure le maître de sa police. La révolution, en tous pays, est la résultante d'un fléchissement au sommet, accompagné d'une rupture ou d'un relâchement extrême de la force de coercition.

En 1915, puis en 1916, et dans les neuf premiers mois de 1917, il y eut chez nous, de plus en plus actif, un essai, réussi, de désagrégation de la police, dans ses rouages les plus délicats. C'est toujours ainsi que commencent les catastrophes. Il n'est pas besoin de recourir à l'explication par une conjuration maçonnique, ou juive universelle, pour définir le début, l'initium révolutionnaire. Ce n'est pas davantage, à mon avis, une question de faillite ou de banqueroute; attendu que les États modernes, si l'on examine les choses de près, vivent en état de banqueroute masquée presque chronique. C'est une question de trahison au centre, ou, si vous préférez, au bulbe, qui est l'organe de la sûreté publique. Que les révolutionnaires arrivent (chose toujours possible dans une société distraite et peu gouvernée) à placer des hommes à eux dans ces postes vitaux; que ces hommes y servent l'anarchie au lieu de l'archie, et l'étranger au lieu de la patrie; que cette anarchie provoque des attentats répétés, un état de trouble et de malaise, traversé de lueurs sanglantes, d'incessants conflits entre le capital et le travail, un embrumement de l'ordre public : et voici le bouillon de culture tout prêt. Cela peut être aussi combiné, concerté, préparé qu'une expérience de laboratoire. Les hommes de gauche ont reçu la tradition de cette cuisine, niée par eux quand ils sont les maîtres, pour des raisons que l'on devine. Les hommes de droite, jusqu'à Maurras et Pujo, n'ont guère paru soupçonner son existence. Il est toujours plus commode de croire que les catastrophes sont spontanées et que rien ne saurait les empêcher, ni les enrayer. Cela dispense de l'effort de réagir.

L'argument de Malvy pour sa défense a été classique : « Je désirais la paix sociale, donc je devais faire des concessions à la révolution. » Cet argument vaut celui des républicains, quand on leur parle des réductions méthodiques et criminelles des crédits militaires avant 1914 : « Nous désirions la paix avec l'Allemagne; donc, nous désarmions pendant qu'elle armait. » La réalité est que Malvy avait mandat allemand de chauffer en France, pendant la guerre, une révolution. Il n'a pu y aboutir, malgré son zèle évident. Il a fait cependant tout ce qu'il fallait pour ruiner l'excellence et la solidité de l'esprit public. Je disais à mes collaborateurs : « Il n'a certainement pas trouvé ce plan tout seul, ni

Caillaux non plus. On leur refile certainement un schéma et des dispositions minutieuses fabriquées à Berlin par un comité d'intellectuels « un peu là ». Pour reconstituer toutes les directives d'une aussi vaste intrigue, il aurait fallu le génie d'un nouveau Bertillon. A certains temps d'arrêt, on devinait que le topo germanique avait été mal compris, sur un point ou sur un autre, par ses créatures et applicateurs, qu'on avait dû revenir en arrière, et que la manœuvre était manquée. Puis tout recommençait de plus belle, comme si de nouvelles instructions étaient venues simplifier la tâche du défaitisme et de la rébellion. Je n'insiste pas sur les faux bruits, rumeurs alarmantes, invraisemblables bobards, qui couraient d'un bout à l'autre de Paris, à certains jours (notamment lors de l'attaque de Verdun), comme ces petits chariots électriques qu'emploient à l'intérieur de leurs bureaux, pour leurs transmissions, les maisons de crédit. Car, à partir de 1917, personne n'attachait plus d'importance à ces ragots. En outre, la volonté d'ordre et de résistance était remarquablement ancrée chez tous, et je suis encore étonné que les beaux parleurs, et autres salonnards, qui blaguaient cet esprit de guerre, n'aient pas eu plus de succès, que le verbe *tenir* ait gardé, jusqu'à l'armistice, son sens plein. C'était une conséquence de la grande pitié pour les morts, les innombrables morts, de chez nous. On se répétait : « Il ne faut pas que leur sacrifice ait été vain. » C'est ainsi que la certitude de vaincre malgré tout s'était enracinée au fond des cercueils... et des sépultures sans cercueils. Nous avons vécu là une époque où les athées eux-mêmes sentirent Dieu, s'ils ne le comprirent pas.

Bien entendu, certaines parties de l'opinion demeuraient molles, ou s'effondraient. Pour la Chambre, cela va de soi. « La capacité de panique de la Chambre de 1914 donne l'idée de l'infini, » disait le bon et solide Jules Delahaye. Assez mauvais milieu aussi le Palais de Justice. Les jeunes étant partis au combat (et beaucoup furent tués, hélas ! et des meilleurs) ceux qui restaient, dans les champs désolés et moroses d'un code absurde, parce que napoléonien, perdaient le sens du droit naturel, ou croyaient à l'avenir de la révolution. On sait que Clemenceau, lui-même, le cher homme, crut à cet avenir et le dit, dans une minute d'euphorie de vieillard, à je ne sais plus quels abrutis de la C. G. T., qui en demeurèrent pantois. On n'a pas impunément passé vingt ans dans la méditation de Stuart Mill, ce sceptique pour temple protestant, et de Spencer, ce Darwin éteint et fumeux ! Enfin, certains salons radicaux, ou conservateurs et libéraux s'enorgueillissaient d'une écœurante lâcheté. « L'Alsace et la Lorraine, keksekça ? Va-t-on continuer à faire casser la figure à trois générations, sous prétexte de leur rendre des provinces perdues, dont elle se fichent? »

Avez-vous remarqué comme les thèmes, dits « pacifistes » et « humanitaires », sont bêtes et formulés en mauvais français? Existe-t-il rien de plus niais, littérairement parlant, qu'une page de Romain Rolland ou de Barbusse, rien qui respire une odeur plus fade d'ouvroir, de tisanerie pour pénitentiaire, d'évier abandonné, de W.-C. de vieille dame? Cette descendance liquéfiée, putréfiée, de Rousseau, le Genevois, semble habiter un sanatorium, sur les bords de ce lac morne et gelé.

On eût pu croire (et les Allemands avaient certainement cru) qu'un malaise obsidional (tel qu'il résulte de la présence de l'ennemi, pendant quatre ans, à deux heures d'automobile de la capitale) exciterait la fièvre révolutionnaire. Il y avait le souvenir de la Commune, demeurée, aux yeux de la Wilhemstrasse, le type du réflexe suicidaire français. Or, il y eut bien une courbe infléchie de démoralisation, dans le courant de l'année 1917; mais elle amena une réaction d'autorité, de sens contraire à celui que l'on attendait, puis un fort courant nationaliste. Je n'ai pas encore compris pourquoi le haut commandement militaire interallié, à la fin de l'année 1916, n'avait pas poussé plus avant la contre-offensive libérant Verdun. Dans son ouvrage célèbre, *Comment finit la*

guerre, page 105, le général Mangin a pû écrire :
« Il est permis aujourd'hui de l'affirmer, si la
pression des armées alliées se fût continuée
pendant l'hiver, la situation, au printemps de
1917, eût été la même qu'en juillet 1918, au
moment où la première offensive menée à fond
commençait contre une avance arrivée à la
limite de son effort. » Et plus loin : « Aujour-
d'hui, il est permis de l'affirmer, la victoire
finale pouvait être obtenue, dès le printemps
de 1917, par les procédés employés en 1916... »
Autre avantage que nous devons signaler : une
telle contre-offensive verdunoise, au début de
1917, eût complètement annihilé l'effort de
dissociation intérieure, d'origine allemande,
favorisée par la haute police et le ministère de
l'Intérieur, dont on verra plus loin les ravages,
favorisée aussi par la veulerie, et pire, de Briand.

Car, si l'ignorance de l'ex-anarchiste (et non
socialiste) est incommensurable et telle qu'elle
le contraint, à la tribune, aux plus banales
généralités, elle ne s'étend pas au domaine de la
préparation révolutionnaire. Là, au contraire,
il est maître, ayant fondé sa fortune politique sur son passage (euphémiquement appelé
« adaptation ») de l'apologie de la grève générale
et de l'insurrection armée à la défense du
capital, et de la fréquentation de Sébastien
Faure à celle du prince Georges de Grèce. En
matière de politique étrangère, Briand (qui ne

sait pas un mot d'histoire et qui est incapable
de lire) n'a jamais fait que suivre docilement
les indications de Philippe Berthelot. En matière
de politique intérieure, il a exploité à fond, et
avec succès, la double crainte qu'ont les grands
bourgeois et salonnards de la fureur des « masses »
populaires, et qu'ont les camarades révolutionnaires de la répression policière et militaire. Sa
réussite scandaleuse (marquée d'Aristophane et
de Pétrone) est la conséquence de ce double jeu,
mené avec mille péripéties de 1899 à 1922.
Briand est un homme qui a compris que toute
politique de gauche a son point d'appui dans la
police anarchique et dans l'antimilitarisme. Il
n'y a que cela qui l'intéresse et il n'a jamais
fait que cela. Le paradoxe, c'est qu'au fond
vaseux, mentalement et moralement, corres-
ponde un cabotinage verbal unique en son
genre, un langage grave, ému, moelleux, nuancé,
sur la corde basse, faisant appel aux plus beaux
sentiments. Briand est le type achevé du cham-
pignon aux couleurs éclatantes, poussé sur le
fumier de la démocratie.

La révolution internationale comptait sur lui
en 1916. Cela n'est pas douteux. Il a trompé
les espérances de la révolution internationale.
Pourquoi cela? Parce qu'il a eu peur. Et de
quoi a-t-il eu peur? D'une réaction militaire,
qui, en cas d'émeute, eût été fort possible, et
que n'eût point détournée de ses os sa parole

ombrée et dorée. Il a laissé venir la dépression morale; il ne l'a pas accélérée, ce qui eût été tout à fait dans ses cordes.

D'ailleurs, un certain nombre de motifs puissants, fondamentaux, combattaient la besogne Antifrance de Malvy et des formations révolutionnaires, et expliquaient la mentalité d'un Briand. La paysannerie était armée, du fait de guerre. La forme de la guerre (les tranchées) agglomérait les paysans aux bourgeois, et « paysannait » ceux-ci. La bourgeoisie française, dans ceux de ses éléments qui ont échappé à l'hécatombe, est sortie de l'effroyable épreuve infiniment plus forte et assurée qu'elle n'y était entrée. Ses vides ont été comblés aussitôt par l'accession de nombreux ruraux, apportant au sang de la classe moyenne l'élément de chaleur et de santé qui caractérise les campagnards. Dès 1911, Jean Jaurès, dans la seule page de lui demeurée à peu près lisible (car cet orateur-né est un détestable écrivain), avertissait le prolétariat des difficultés de force, — c'est-à-dire de fond, — qu'il rencontrerait, en montant à l'assaut de la bourgeoisie, entraînée aux sports et moins convaincue que les nobles de 1789 du bon droit des assaillants. Mais la guerre qui dure est un autre entraînement que le sport ! Nobles, bourgeois, paysans, ouvriers mêlés y puisèrent un entrain et une fraternité qui rendait, il y a sept ans, et qui rend encore aujourd'hui toute tentative de subversion sociale non seulement impossible, mais invraisemblable.

Ajoutez-y cette considération de milliers de gens aisés, ayant vécu misérablement sous les balles et les obus pendant cinquante et un mois, sevrés de toutes les facilités et de tous les agréments de la vie, auxquels on propose ensuite, comme répit et récompense, la confiscation de leurs biens et le communisme. Ces milliers de petits capitalistes ne craignent pas la mort. Ils l'ont tant de fois affrontée ! La plupart de leurs assaillants éventuels sont des meneurs, qui ont travaillé dans les usines, péroré dans les congrès, mais ne se sont guère battus. Le sort de la lutte est réglé d'avance. J'entends encore un de mes parents, jeune aviateur devenu journaliste, à qui on parlait des menaces de Cachin et de Rappoport. Il répondit en riant : « Qu'ils y viennent ! Dix poilus se fichent pas mal de mille cégétistes. » Quant aux anciens combattants aigris, ou bolchevistes, ils sont et ne peuvent être qu'une minorité. Les hommes s'attachent à leurs souvenirs héroïques plus aisément qu'ils ne les renient.

Enfin — et j'y insiste — la France a fait jadis plusieurs révolutions; elle en a pâti, elle en est revenue. Ce n'est pas pour y retourner. Les plus intelligents parmi les travailleurs manuels (qui ne sont pas toujours ceux qui se mettent en avant) connaissent et constatent les fichus résultats, à leur point de vue, de cette grande coulée de lave qui a passé, en 1790, 91, 92, 93, 94 sur les métiers et corporations, sur les petits privilèges, sur le travail, en général. Il a fallu des années et des années pour que la pulvérisation individuelle des Droits de l'homme fût partiellement réagglomérée par les syndicats. Puis ceux-ci furent tournés de nouveau, par les politiciens, à la guerre civile. Le seul résultat fût de porter au pouvoir une série de dupeurs du peuple, bourgeois dans l'âme, aspirant au capital et, à peine casés et nantis, rebourgeoisant ou capitalisant, ou recapitalisant.

Au 1ᵉʳ mai 1919, après la guerre, je n'étais pas connu ou je n'étais que peu connu des milieux révolutionnaires parisiens et je pus me glisser inaperçu, parmi les manifestants qui défilaient sur les boulevards. Les feuilles rouges avaient convoqué tapageusement le ban et l'arrière-ban. C'était le beau moment de l'agitation d'après-guerre, à la veille des élections, et il faisait un temps superbe, le temps de la semaine de mai 71, lequel, paraît-il, était radieux. Je comptai environ deux mille cinq cents manifestants, hommes et femmes, par rangs de vingt, enca-drés d'hommes de « confiance », qui ne valaient certes pas, pour maintenir l'ordre, nos commis-saires des Camelots. Autour de ces deux mille manifestants, une foule énorme de bourgeois en civil ou en uniforme, parmi lesquels quelques

centaines de « bons bougres » en cottes et bour-
gerons, échelonnés de la Madeleine aux bureaux
du journal *le Matin*, boulevard Poissonnière.
Puis une légion de sergents de ville. Nous nous
mîmes en route au chant de *l'Internationale*,
rapidement couvert par les « mâles accents »,
non de *la Marseillaise* (ô mânes de Rostand !)
mais de *la Madelon*. Ainsi, à peine en branle,
n'étions-nous déjà plus pris au sérieux. Je dis à
mes voisins : « C'est écœurant ! » Ils me répli-
quèrent : « Quel tas de vaches, mais tu vas voir
au coin de l'Opéra. Ça va barder ! » O illusion !
En effet, cela barda, mais pas dans le sens que
prévoyaient mes hommes de trop de confiance.
Des cris stridents de : « Vive l'armée ! Vive Clemenceau ! » pleuvaient, sautaient, accouraient,
tombaient, rebondissaient de tous les coins, de
toutes les maisons, de tous les toits, de tous les
réverbères. Chose horrible, Gavroche était réactionnaire et huait notre modeste drapeau rouge,
grand comme un mouchoir de poche, et dont
ses porteurs avaient grand'honte. Comme de
méchants officiers de paix parlaient de nous
l'arracher (je n'eusse pas fait grande résistance)
un chef de district, reconnaissable à ses lauriers
d'argent, arrêta leur élan : « Il est si petit, on ne
le voit pas. Laissez-le-leur donc ! »

A partir de la rue Drouot, ce fut pour nous
tous, enfants de la Sociale, une triste corvée.
Nous recevions, des deux côtés du boulevard,

des huées, des sifflets, des apostrophes qui n'étaient rien de moins que réjouissantes, eût dit le cher Faguet. J'en étais humilié pour mes camarades de défilé, qui ne se doutaient guère que le « gros Léon », tant de fois représenté à eux comme un ennemi du peuple et un belliciste enragé (quand, au contraire, il aime beaucoup Populo et a horreur de la guerre), partageait fraternellement leur humiliation et leurs déboires. Depuis lors, cette traversée du Paris antirévolutionnaire de 1919 (qui annonçait les élections du 16 novembre) m'est apparue comme symbolique. Rarement je me suis autant amusé. D'autant plus amusé que les feuilles révolutionnaires célébraient le lendemain, en termes lyriques, ce succès fou, et annonçaient que, tremblants de peur, « les royalistes s'étaient terrés dans leur repaire de la rue de Rome ! »

Albert Thomas a-t-il poussé ou n'a-t-il pas poussé à la révolution en 1916 et en 1917 ? Les avis sont très partagés et j'ai reçu, à ce sujet, des communications contradictoires. En fin de compte, je considère Thomas comme une espèce de Kerensky, un peu plus roublard que Kerensky. Il a du goût pour la révolution, mais il sait que la révolution, une fois déchaînée, le boulotterait vite. Voir la métaphore : « Saturne et ses enfants. » Alors, il préfère, si j'ose dire, rentrer dans sa turne, parmi ses enfants, et achever en famille une carrière de faux agitateur. Plus Thomas Becquée que Thomas Becket.

Quand il fut reconnu que le déclenchement d'une révolution en France présentait (en dépit de Malvy, de Thomas et des députés socialistes) des difficultés insurmontables, Jagow, Lancken et le G. Q. G. allemand tournèrent les yeux vers la Russie. Je pense que ce changement d'orientation eut lieu dans le courant de 1916, en même temps que l'ennemi se rendit compte de l'échec définitif de l'offensive, prétendue « clôturale », contre Verdun. Le décalage des troubles français de 1917 tient à ce que la poussée allemande en France de 1916 ne porta une partie de ses fruits, amers et sanglants, chez nous qu'avec un retard d'une dizaine de mois. C'est généralement ainsi que les choses se passent : un gros effort ne commence à produire de résultats politiques qu'un certain temps après que ceux qui l'ont fourni l'ont cessé.

J'ai lu un grand nombre d'ouvrages (en général assez pittoresques) concernant la révolution russe. Dans aucun je n'ai trouvé quoi que ce fut qui satisfît l'esprit, quant à l'origine de ce vaste écroulement. Je sais seulement que de nombreux agitateurs russes se trouvaient chez nous (à la faveur de l'engouement pour les Russes) en 1915, et dans les six premiers mois de l'année 1916. La présence de Trotsky, notamment, était signalée à Paris, où paraissaient, plus ou moins clandestinement, sous l'aile de Malvy, de petits brûlots révolutionnaires, genre *Nache Slovo* et *Nachalo*. Il semble qu'au début Lénine et Trotsky se soient partagé le complot, le premier en Suisse, le second en France; puis que l'émeute russe du camp de la Courtine et sa répression aient rendu la besogne chez nous difficile, et qu'à partir de là tout l'effort (sous l'impulsion des Allemands, qui étaient pressés, et cela se conçoit !) ait porté sur la Russie exclusivement.

M. le rapporteur Pérès a dit très justement à la Haute-Cour, lors du procès Malvy : « De l'ensemble des témoignages recueillis et des nombreux documents officiels que nous avons pu consulter se dégage une double constatation : pendant toute la durée du régime tsariste, le ministère de l'Intérieur a poussé la mansuétude jusqu'à la faiblesse, vis-à-vis des révolutionnaires russes. Après la révolution, il leur a accordé toutes les facilités pour aller, dans le pays allié, mettre en application les doctrines dont il avait pu constater déjà chez nous les néfastes effets. » En d'autres termes, Malvy a suivi docilement le programme allemand. Il a commencé par chercher à créer un mouvement révolutionnaire en France, à l'aide des agitateurs russes. Puis, la France se montrant réfractaire, et l'œuvre du *Bonnet rouge* (bonnet de Caillaux et de Malvy) étant dénoncée à grand fracas par *l'Action française*, Malvy, conformément aux instructions reçues, a favorisé le transfert des ferments en Suisse, et de là en Russie. On sait que Lénine et ses compagnons traversèrent l'Allemagne en train blindé.

C'est ainsi qu'à distance, avec le recul, cependant petit, de six années, les choses s'éclairent et la perversité des hommes apparaît. La perte de la malheureuse Russie a été hâtée par le Caillaux et le Malvy de là-bas, les ministres « allemands » Sturmer et Protopopoff. Or, le journal de Caillaux et de Malvy (qui était en même temps celui du grand quartier général allemand) ne tarissait pas d'éloges sur ces deux « suppôts du tsarisme », qu'en d'autres temps il eût signalé au fer des assassins. C'est qu'Almereyda était officiellement averti que l'un et l'autre de ces deux gredins servaient l'intérêt allemand. Alors, bien que « suppôts du tsarisme », ils devenaient tabous. On arrive ainsi à cette conclusion que la révolution russe, dans ses deux stades (Kerensky-Lénine) a été une fabrication allemande, secondée par les politiciens « allemands » de Paris. Les soviets nous étaient d'abord destinés par une finance internationale (c'est-à-dire juive-allemande) évidemment peu au courant des réactions de guerre du peuple français. En cours de route, la destination des « conseils d'ouvriers et de soldats » changea et la pourriture soviétique tomba sur la Russie. C'est le type même de la révolution expérimentale. Il ne reste plus grand'chose, dans le domaine intellectuel, du déterminisme qui fit florès au temps de Claude Bernard et de Paul Bert. Mais, sur le plan politique, il subsiste de ce déterminisme (cela n'est pas douteux) un procédé méthodique de la destruction des États.

Chose curieuse, la « nation armée » (ce hideux fléau) est sortie à la fois de la conception prussienne de la guerre (que les Prussiens croyaient à tort calquée sur celle des Romains, au temps de César) et de la levée en masse de 1792. Ceux que la question intéresse pourront se reporter à mon ouvrage : *le Stupide dix-neuvième siècle.* Or, il est arrivé que ce produit révolutionnaire s'est tourné, avec le temps, contre la révolution et l'a, dans notre pays, rendue très difficile, sinon radicalement impossible. En mars 1918, au moment de la seconde marche des Allemands sur Paris, il fut question, un moment, d'armer les milliers d'ouvriers, qui travaillaient dans les usines de munitions de la banlieue. Marcel Sembat était très partisan d'une telle mesure. Le souvenir de la Commune, sans doute, la fit écarter par Clemenceau. Mais, de son point de vue socialiste-révolutionnaire, le bon Sembat avait raison. Une révolution n'est possible, en nation armée, que par la subversion totale de la discipline militaire, fort difficile à obtenir en notre pays.

Quand on considère la courbe générale de la

guerre de quatre ans, on voit qu'à maintes
reprises, dans les deux segments de la lutte (le
militaire et le civil) nous avons frôlé le désastre
complet. C'était une situation désespérée, en
apparence, que celle résultant d'une Chambre
antinationale et soumise à un Caillaux, d'un
ministre de l'Intérieur acquis à l'ennemi et
inamovible. Par un jeu de circonstances provi-
dentielles, cette situation a été surmontée.
Deux marches sur Paris d'armées formidables
(la seconde venant trois ans et six mois après
une grande victoire) eussent dû, logiquement,
abattre le moral de la population. Supposez
Painlevé président du Conseil au 21 mars 1918 !
C'était la paix honteuse et l'effondrement de
tout. Quiconque a approché ou entendu cet
ahuri, si fort en mathématiques, ne saurait
en douter. Le fourmillement d'agents révolutionnaires à Paris, en 1916 et en 1917, eût dû,
rationnellement parlant, aboutir à des troubles
extrêmement graves, vu les licences et facilités
accordées auxdits agents par une police en
partie putréfiée. Il n'en fut rien. Le vieux et
solide fonds héréditaire, attaché au sol et aux
mœurs familiales de France, sauva tout. Mais,
qu'est-ce que ce fonds de dévouement, d'esprit
de sacrifice, d'abnégation généreuse, sinon le
fonds catholique, et, en dernière analyse, la
prière? Les beaux esprits auraient donc tort
de nier qu'au sens presque ethnique du mot, la

victoire fut le fruit d'une longue et commune oraison, poursuivie, parmi tous les deuils, avec une indomptable ténacité.

On n'en est que plus révolté (quand on y réfléchit) par l'extension évitable du carnage. Le vieux républicain Clemenceau, en bouclant victorieusement la guerre en dix mois, au milieu des pires difficultés (après la défection russe, qui regroupait contre nous toute la force allemande), le vieux républicain Clemenceau a fait la preuve que, sans la trahison politique au sommet de l'État, tout pouvait être terminé dix mois après la victoire de la Marne, c'est-à-dire fin juin 1915. Il suffisait, pour cela, de renoncer à l'esprit révolutionnaire, c'est-à-dire à l'esprit de gauche, en faveur de l'esprit national traditionnel. Encore aujourd'hui, après une épreuve si tristement démonstrative, des gens se cabrent, si l'on énonce devant eux cette vérité de sens commun. Elle n'en cheminera pas moins au milieu des complications de demain et d'après-demain, et elle sera un jour la vérité de l'histoire. Car un pays se bat avec sa politique, avant même de se battre avec ses armes; et Bismarck l'avait bien compris, qui suivait les armées en campagne, casqué, botté, morigéneur, avalant les couleuvres militaires et faisant l'indispensable liaison entre Berlin et le front des armées.

Mais, chose fort humaine, Clemenceau, après

avoir déposé ses nuées révolutionnaires à l'heure du suprême danger (comme on retire un habit gênant, pour terrasser des malfaiteurs) reprit les dites nuées à l'armistice et négocia une paix aux conditions absurdes, faisant ainsi deux fois la preuve de la nocivité des principes républicains.

Chapitre VI

LE DRAME DES MUTINERIES

(*Mai-Juin-Juillet* 1917).

Le drame des mutineries militaires éclata, en plusieurs points du front, au printemps de 1917, sous le cabinet Ribot (Malvy ayant été introduit, sans raison avouable, au comité de guerre). Quelques semaines auparavant, Maurras, inquiet de certains symptômes, s'était préoccupé de consolider et cimenter le moral des soldats et avait lancé, dans notre journal, sa grande idée de la Part du Combattant. Sollicité de s'intéresser à cette œuvre nationale, le vieux président du Conseil, Ribot, ennemi de toutes réalités et légendairement instable en ses jugements, avait répondu, avec superbe, que l'amour de la patrie suffisait, et au delà, à maintenir la discipline aux armées. Quand nous étions allés, avec une douzaine de confrères de la presse quotidienne, lui demander, au quai d'Orsay, de sévir contre la propagande défaitiste (comme on disait euphémiquement alors) il nous avait versé sur

le sinciput des flots d'eau laïque de cour. Je
vois encore sa haute silhouette penchée, dans
un halètement optimiste, et le geste bénisseur
de sa main tendue. Rarement l'absurdité politique revêtit des formes plus académiques. Je
dis en sortant à mes camarades : « Comme il
réglerait bien une reddition de place ou
d'armée ! »

Ribot appartenait à cette catégorie de démo-
crates qui nient les effets de leurs poisons. Il
célébrait l'insurrection comme le plus sacré des
devoirs, conformément à l'évangile des Droits
de l'homme; mais il pensait que ce culte devait
demeurer ésotérique et sans applications immé-
diates et dangereuses; un thème à prosopopées
et voilà tout.

Je pense aujourd'hui que les mutineries militaires (annoncées à l'avance par l'agent allemand
et malvyste Henri Guilbeaux, dans sa revue
Demain) furent le résidu d'un plan d'ensemble,
comportant des dégâts plus importants. J'eus
l'occasion (sur interrogation du procureur général) d'exposer ce point de vue à la Haute-Cour,
contradictoirement avec l'inénarrable Paul
Prudent Painlevé, ministre de la Guerre, qui
affirmait la spontanéité de ces mouvements. Je
fis remarquer que ces actes d'indiscipline, extrêmement graves, collectifs, allant jusqu'à des
coups de feu tirés sur les officiers, s'étaient
produits simultanément dans quatorze corps

d'armée et avaient laissé le front ouvert pendant quarante-huit heures, notamment dans la région de Soissons. Le Sénat parut fort ému de cette révélation, que j'appuyai de précisions irréfutables. Painlevé maintint son absurde avis, d'après lequel l'échec de l'offensive d'avril (dite offensive Nivelle, du nom du général qui l'organisait et la commandait) suffisait à expliquer l'origine des mutineries. Le procureur général donna alors connaissance à la Haute-Cour des avertissements sérieux qui étaient venus des généraux commandant en chef aux membres du gouvernement, concernant les efforts criminels faits pour ébranler le moral militaire. A partir de là, cette cause était entendue.

Voilà pourquoi, dans ce récit, je ne m'étendrai pas longuement sur l'échec de l'offensive d'avril 1917, qui est du ressort des grands acteurs et témoins de cette offensive, et qui a déjà donné lieu à des flots de copie pour et contre. Je ne m'en occuperai, ultérieurement, que dans la mesure où ces lamentables événements mettront en lumière la sottise et l'infatuation du déplorable Painlevé. Suivre l'ordre chronologique et parler du duel de Nivelle et de Painlevé (17 avril 1917) avant les mutineries (23, 24 mai 1917 et jours suivants) ce serait fausser les perspectives d'un drame indépendant d'un autre drame. De malheureux soldats se mutinèrent,

non parce qu'ils étaient déçus militairement
(une telle déception n'était pas la première, et
bien des offensives alliées avaient échoué avant
celle-là, sans que se produisît aucun trouble),
mais parce qu'ils étaient excités systématiquement. D'où venaient ces excitations? Je l'ai
dit et je le répète : du ministère de l'Intérieur.
Pourquoi cela? Parce que le ministère de l'Intérieur était occupé par un agent allemand
inamovible.

Ici une petite remarque qui a son importance.
L'arrêt de la Haute-Cour, en date du 6 août
1918, commence par déclarer que « *les mutineries
militaires de Cœuvres, en juin* 1917, *n'ont été
en quoi que ce soit directement provoquées par
l'accusé* ». Mais il ajoute tout aussitôt :

« Attendu qu'il est constant pour la Cour
qu'un plan a été concerté sur le territoire de la
République, dès la fin de 1914, pour ruiner la
défense du pays en portant atteinte à la force
morale de la nation et à l'esprit de discipline
de l'armée; que cette propagande criminelle
s'est exercée notamment par la création de
journaux, par la diffusion de tracts, par des
discours et des conférences;

« Attendu que Malvy n'a pas ignoré l'existence de cette criminelle entreprise dont tous
les témoins entendus ont signalé la gravité, et
qui a été la cause principale des mutineries
militaires de mai et juin 1917;

« Mais attendu qu'au lieu d'opposer à cette propagande l'action la plus énergique, l'accusé a accordé des subventions à un journal dont les principaux rédacteurs ont été condamnés pour intelligences avec l'ennemi en vertu de décisions passées en force de chose jugée; qu'il a facilité par des faveurs et des complaisances abusives les agissements criminels d'Almereyda, de Duval et de Sébastien Faure; qu'il a entravé la surveillance des tractations auxquelles se livrait, par l'intermédiaire de la femme Duverger, l'espion Lipscher; qu'il s'est refusé à empêcher la propagande antipatriotique de l'anarchiste Vandamme, dit Mauricius; qu'il s'est refusé à autoriser dans les imprimeries clandestines, où elle pouvait être utilement pratiquée, la saisie de tracts excitant les militaires à la désobéissance, à la révolte envers leurs chefs, et à la trahison envers la patrie. »

Cette rédaction me rappelle un concours de médecine, où le professeur (qui devint maboul un mois après) demandait au candidat : « Quelle est la maladie de cette femme? » Réponse : « La fièvre typhoïde. » — « Non, monsieur. » Silence du candidat, légèrement ahuri, mais qui le fut plus encore de la réponse péremptoirement donnée, dix minutes après, par celui-là même qui avait posé la question : « C'est la dothiénentérie, monsieur. » On sait, en effet, que la dothiénentérie n'est autre que la fièvre typhoïde !... Je n'avais jamais soutenu que Malvy, flanqué de Leymarie, était allé, en personne, exciter les soldats contre leurs chefs à Cœuvres, et non ailleurs.

Dès le 28 février 1917, dans un rapport en tous points remarquable, le général en chef Nivelle signalait aux autorités civiles les symptômes importants d'une agitation centrifuge, allant de l'intérieur aux armées. Il attribuait cette agitation aux distributions de tracts, de brochures, à l'action de meneurs connus et désignés, notamment de Sébastien Faure. L'excellent homme (et qui a fait la preuve qu'il était un grand soldat) était loin de se douter que Sébastien Faure était le chouchou de Malvy, qui avait brûlé son dossier politique, et qu'en s'adressant à Malvy, comme au chef de la police intérieure, il demandait au loup de vouloir bien veiller à la conservation et à la défense des agneaux. Je répète, une fois de plus, que les militaires des plus hauts grades vivent, en général, dans une atmosphère d'honneur et de non-suspicion, qui ne leur permet pas de déceler les stupres de la politique républicaine. Il leur paraît trop monstrueux d'admettre qu'un membre du gouvernement trahisse son pays. A leurs yeux, le simple journaliste, ou député, qui accuse ledit ministre d'un tel forfait, exagère et se laisse entraîner par une regrettable passion de partisan.

Un rapport du général Pétain en date du 29 mai 1917 (6 jours après l'apparition des premiers troubles) mettait carrément les points sur les i. Le ton de ce morceau se ressent de la gravité des événements. Le général signale, parmi les causes de cette « dangereuse effervescence » :

1° Les tracts, qui sont distribués aux gares de Paris;

2° Les agents provocateurs, qui se glissent dans les cantonnements sous un uniforme étranger au corps;

3° Le contact des brigades russes;

4° Les articles de presse, etc., etc.

Il conclut, d'un coup d'œil de maître, et, j'ajouterai, de clinicien : « Le mouvement a, en somme, des racines profondes dans l'intérieur. Or, par suite du régime des permissions, auquel d'ailleurs on ne peut rien changer, le front est solidaire du reste de la France. » Suivent, après quelques considérations sur les progrès de l'ivresse et les remèdes à employer, ces lignes, singulièrement menaçantes dans leur concision : « Le général Franchet d'Esperey, commandant les armées du Nord, me rend compte qu'à la suite de conciliabules, les... et... (inutile de donner les numéros, même aujourd'hui) ont décidé de marcher demain sur Paris. Des mesures vont être prises pour disperser ces régiments par petits groupes, qu'on embarquera par camions automobiles, à destination d'un des camps de l'Est. »

On sait que c'est le général Pétain qui dispersa les mutineries et releva, en quelques semaines, le moral des armées ! Néanmoins l'alerte, pour ceux qui savaient, avait été chaude. De malheureux soldats payèrent pour les misérables agitateurs, dont le grand chef était place Beauvau.

Dans ce rapport, une phrase attira particulièrement, à l'époque, mon attention : « Les agents provocateurs, qui se glissent dans les cantonnements, sous un uniforme étranger au corps. » Quels pouvaient être ces agents provocateurs. D'où venaient-ils? Qui donc leur procurait ces uniformes? Marius Plateau avait reçu avis, de ses correspondants ordinaires, gens fort renseignés, que certains indicateurs de police (les uns disaient : appartenant aux services secrets de la sûreté générale; d'autres : aux renseignements généraux de la préfecture de police) excitaient, dans des points déterminés du front, les soldats à la désobéissance. Cela nous avait paru si formidable que nous avions cru à une forgerie, ou à une interprétation fausse. Mais l'accusation revenait avec insistance dans plusieurs des communications qui nous étaient faites, et la phrase du rapport de Pétain la précisait et la corroborait.

Plus tard, une pièce qui fut âprement discutée à la Haute-Cour et qui faisait partie des dossiers d'Henry Bérenger, sénateur, vice-président de la commission de l'armée, acheva de nous éclairer. Ce fut cette pièce, intitulée *Agents provocateurs dans les milieux militaires de mai-juin* 1917, que Maurras et moi remîmes à Painlevé, ministre de la Guerre, dans notre entrevue mémorable d'octobre 1917. Il y était parlé de distributions de vin gratuites, faites par des cabaretiers suspects, et aussi d'agents provocateurs, amenés en camions automobiles, qui circulaient dans les groupes, excitant les soldats déjà ivres à la désobéissance, leur disant qu' « ils devaient tirer non sur les Allemands, mais sur leurs généraux et marcher sur Paris ». Je tiens d'un témoin oculaire, officier de cavalerie à l'époque, que ces conseils avaient été suivis sur quelques points, notamment à la gare du Raincy et aux ponts de l'Aisne, où une vive fusillade avait été engagée contre les mutins, lesquels s'étaient repliés en désordre. Un officier supérieur fit un rapport au grand quartier, où il était affirmé que des soldats auxiliaires de la Sûreté, qui se présentaient à lui avec la formule convenue : « Je travaille pour l'ami de Meyer, » au lieu de surveiller leurs camarades, dans les gares régulatrices et aux environs des ambulances, les excitaient à la rébellion. De tels témoignages étaient trop nombreux pour correspondre à un simple mirage. Malheureusement la police militaire, qui seule eût pu mener une enquête sérieuse, n'existait plus au printemps de 1917; et quand le cabinet de Clemenceau s'occupa de la reconstituer, les pistes les plus importantes étaient naturellement brouillées.

On a remarqué que, dans leurs rapports, les généraux Nivelle et Pétain ne parlaient pas du *Bonnet rouge* et de la *Tranchée républicaine* de Landau, qui étaient précisément, comme on l'a appris plus tard, les feuilles les plus abondamment distribuées sur le front des armées, et celles qui produisirent les principaux ravages, à l'aide d'un mécanisme criminel, mais fort ingénieux. Tellement ingénieux que j'y démêlai tout de suite une invention policière, bien que n'ayant pas pénétré à l'époque, quant aux ténèbres de la police politique, ce que je sais, de science certaine, aujourd'hui.

Il faut se rappeler que Marion, coadministrateur du *Bonnet rouge* avec Duval et indicateur de Joseph Dumas, chef des renseignements généraux, était secrétaire général d'un syndicat de marchands de vin et directeur d'une agence viticole. C'est dire qu'il était en relations avec un certain nombre de bistrots. Or, c'est à lui que la Sûreté générale s'était adressée pour mettre à la disposition du G. Q. G., dès 1915 et 1916 les débitants qui lui étaient demandés. On devine aisément que le choix de Marion porta sur les copains précisément les plus suspects, que la Sûreté Générale accepta, bien entendu, les yeux fermés. Il faut admettre que ces gens-là, une fois en place et installés dans leur métier, pour la durée de la guerre, devinrent des distributeurs du journal de Marion et de celui de Landau, agent secret de Leymarie et de Caillaux. La preuve a été faite qu'on leur en expédiait quotidiennement, par automobile, des ballots de numéros complets, c'est-à-dire non encore échoppés par la censure et bourrés d'excitations incendiaires. J'ai remis quelques-uns de ces numéros spéciaux à la Commission de la Haute-Cour. Les soldats, qui recevaient ces ordures abominables, (car on les distribuait gratis dans les cantonnements) étaient prévenus que ce journal était « celui du gouvernement, de M. Malvy, ministre de l'Intérieur ». Ils en concluaient que la révolution était chose faite à Paris « puisque l'organe du ministre de l'Intérieur la prêchait ouvertement ». C'est du moins ce que plusieurs d'entre eux répondirent au colonel présidant le conseil de guerre de Soissons, qui en déposa devant le Sénat. La plupart de ces infortunés payèrent de leur vie cette erreur assez légitime. Comment auraient-ils pu supposer en effet la ruse infernale de Malvy et des policiers caillautistes !

Ainsi s'expliquait la simultanéité des muti-

neries (23 et 24 mai 1917) éclatant à la fois dans
des points du front très éloignés les uns des
autres. Le signal était venu de Paris, où il avait
été transmis du G. Q. G. allemand à Charleville
par la voie habituelle *Gazette des Ardennes* et
Bonnet rouge. A l'attention avec laquelle (pendant la séance publique et à celle de huis clos)
les sénateurs suivaient mes explications, que je
m'efforçais de rendre le plus claires possible,
je vis bien que leur conviction était faite, et
aussi qu'ils cherchaient un palliatif dans l'inculpation de Malvy, afin de lui épargner la
peine capitale, pour complicité de trahison.
J'estime que cette indulgence, malgré l'évidence
(car la peine fut ridiculement bénigne pour un
arrêt aussi accablant), était une faute et une
lourde faute. Elle montrait que la République
est incapable de punir comme il le mérite le
crime d'un ministre républicain.

La pièce qu'on va lire prouve la confiance en
la Sûreté Générale qui était celle du ministre de
la Guerre, un an avant les mutineries. Elle ne
m'est parvenue que postérieurement au procès
de Malvy. Il était dangereux d'affecter à des
services de police, et de mettre sous la coupe
d'un Leymarie, des soldats que rien ne prédes-
tinait à une semblable besogne, et sur lesquels,
le cas échéant, on pouvait rejeter les erreurs
commises. En temps de guerre, comme en temps
de paix, la police de défense nationale doit être

d'abord militaire et tenir la police civile sous sa coupe :

N° 5979 S. C. P. 10/21.   *Paris, le 19 mars 1916.*

GONFIDENTIEL

———

Le ministre de la Guerre
à messieurs les généraux commandant les régions.

PROPOSITIONS D'OFFICIERS INAPTES A FAIRE CAM-
PAGNE ET D'HOMMES DE TROUPE DU SERVICE
AUXILIAIRE POUR ÊTRE MIS A LA DISPOSITION
DE LA SÛRETÉ GÉNÉRALE.

Il a été reconnu nécessaire de renforcer les moyens d'investigation à l'égard de tous les voyageurs qui se présentent pour franchir la frontière, afin de pouvoir faire arrêter les agents ennemis et refouler les suspects.

Dans ce but, il convient de mettre à la disposition de la sûreté générale pour le service des gares frontières, un certain nombre de militaires (officiers ou hommes de troupe) blessés, définitivement inaptes à faire campagne ou du service auxiliaire. Leur service consistera à seconder les inspecteurs de la sûreté générale pour les interrogatoires des voyageurs ou à procéder eux-mêmes à ces interrogatoires.

Les qualités requises indispensables sont : la discrétion, le bon sens, le jugement et la fermeté. La connaissance d'une langue étrangère peut être utile mais n'est pas nécessaire. Les officiers et hommes de troupe qui seraient mis dans les conditions ci-dessus à la disposition de l'intérieur seront considérés comme faisant fonctions d'inspecteurs de la sûreté générale à titre temporaire pour la durée de la guerre. Ils seront détachés de leur corps ou service au titre duquel ils toucheront leur solde et s'il y a lieu les indemnités reconnues nécessaires. Ils feront leur service en tenue civile.

Des recherches seront immédiatement entreprises dans la zone de l'intérieur pour trouver et proposer le personnel dont il s'agit. Ce personnel peut comprendre des mutilés à la sortie des formations sanitaires ou même rentrés dans leurs foyers s'ils sont déjà titulaires d'une pension de retraite. Ils percevront la solde d'activité correspondante à leur dernier grade.

Les propositions, accompagnées de l'avis personnel du général gouverneur militaire ou commandant de la région, devront parvenir pour le 15 avril prochain, terme de rigueur, au ministre sous le timbre de la présente dépêche. Elles seront accompagnées de la demande écrite et motivée du candidat, d'un certificat de visite et de contre-visite, de tous les renseignements possibles au sujet de son aptitude à l'emploi, de sa moralité, de la situation de famille, etc. MM. les généraux gouverneurs militaires et commandants de régions prescriront à ce sujet telles enquêtes qu'ils jugeront utiles et s'entoureront de toutes les garanties possibles afin d'être certains de ne présenter qu'un personnel capable de remplir efficacement et sans reproche le très important service auquel il est destiné.

Le 7 mai 1918, à la huitième séance du procès du *Bonnet rouge*, le lieutenant Bruyant, chargé du service du moral au G. Q. G., s'exprimait ainsi sur le compte de Leymarie et sur son rôle dans les mutineries militaires; je cite d'après la sténographie.

Le *Bonnet rouge* n'a pas joui seul d'une indulgence particulière de la part de M. Leymarie. La mansuétude de M. Leymarie s'étendait à tous les agitateurs pacifistes et à pas mal de feuilles. C'était un système et on disait même dans mon entourage un système politique; et je me permettrai d'ajouter, — mais on va dire que c'est un réquisitoire, — que c'était une politique d'intelligence avec l'ennemi.

. . . .

... Je dis donc que M. Leymarie était parfaitement au courant des agissements pacifistes du *Bonnet rouge* et que, s'il les a tolérés, c'était par principe.

D'ailleurs, au moment auquel je fais allusion, au moment des actes collectifs d'indiscipline, nous avons eu contre lui un autre grief. Jusque-là le grand quartier général avait été mis au courant des menées défaitistes par des communications qui lui étaient faites régulièrement en tout ou en partie, par le ministère de l'Intérieur, en l'espèce par M. Hudelo, directeur de la sûreté générale. Ces communications nous permettaient dans une certaine mesure d'identifier la propagande pacifiste au front et de prendre certaines mesures appropriées pour la combattre.

Lorsque M. Leymarie est arrivé au fauteuil directorial de la rue des Saussaies, je vous le répète, les actes collectifs d'indiscipline battaient leur plein. Jamais le haut commandement n'a eu autant besoin d'être renseigné sur les menées défaitistes, il réclamait aide et lumière du ministère de l'Intérieur.

Au lieu de cela que fait M. Leymarie? Il a coupé toutes les communications volontairement, il a maintenu le haut commandement dans l'ignorance des menées défaitistes. Ni pendant le mois de juin, ni pendant le mois de juillet, c'est-à-dire pendant les deux mois où les troubles ont atteint leur apogée, il n'a été possible d'obtenir de la sûreté générale le moindre renseignement sérieux sur les menées défaitistes. Moi-même, au cours de chacune de mes liaisons hebdomadaires, j'appelais l'attention non plus de M. Leymarie, mais de M. Chiape. Je lui réclamais des éclaircissements; j'implorais, je suppliais même qu'on me donnât des renseignements. Jamais je n'ai rien pu obtenir, tant et si bien que, le 26 juillet, le général Pétain, excédé, a adressé à son ministre une lettre pleine d'amertume, où, après avoir montré que les agissements de la sûreté générale le mettaient dans l'impossibilité de faire son devoir, il concluait : « Le devoir du commandement est de prévoir : j'insiste pour en avoir les moyens. » Voilà ce qu'en temps de guerre le général en chef a été obligé d'écrire au ministre de la Guerre du fait de M. Leymarie.

Mais Leymarie, je le répète, ne faisait lui-même qu'obéir aux instructions de Malvy, qui d'ailleurs le lâcha, en Haute-Cour, avec une remarquable désinvolture.

Deux vagues ont été notées dans les mutineries militaires. L'une fin mai 1917, l'autre au milieu de juin, comme si l'impulsion venue de Paris s'était renouvelée pour un effet suprême. Le 1er juin, à La Fère-en-Tardenois, une brigade entière se révolta, sous prétexte qu'elle n'avait pas eu le repos auquel elle avait droit. Un colonel fut giflé, eut ses décorations arrachées. A leur arrivée, les généraux de brigade et de division furent malmenés, bousculés, contraints de se réfugier à la mairie. Or, une fois en conseil de guerre, les mutins déclarèrent que l'affaire était préparée d'avance, que le prétexte invoqué était faux, que l'ordre de rébellion était parti de Paris. Il était dit, dans les rapports, que des inspecteurs de la sûreté s'étaient mêlés aux hommes pour les exciter. Dans un secteur voisin, et à la même époque, les Allemands jetaient aux tranchées adverses des papiers annonçant la révolution à Paris. Toujours en juin 17, à Château-Thierry, dans des trains de permissionnaires des policiers furent arrêtés, déguisés en soldats, et incitant leurs camarades à la révolte. Dans d'autres secteurs, à la même date, le drapeau rouge fut arboré.

Plus tard, le directeur d'une prison militaire de Maine-et-Loire, où étaient incarcérés un millier de mutins, rapporta que sur cette foule, plus de 900 ignoraient pourquoi ils avaient levé la crosse en l'air. Une cinquantaine de meneurs, mieux au courant des choses, ajoutaient eux aussi que l'ordre était venu de Paris, apporté « par de faux soldats en camion ». On s'explique mieux, à la lumière de ces faits, pourquoi la Sûreté Générale coupait les communications avec un homme comme le lieutenant Bruyant.

Elle avait peur que cet homme vigilant ne
découvrît la connexion de tous ces épisodes
de même forme et de même provenance, et, avec
cette connexion, le fond du sac.

Au moment du procès Malvy devant le Sénat,
la guerre était à son dernier et décisif tournant.
Les premières audiences de la Haute-Cour
(16, 17, 18 juillet 1918) coïncidaient avec
l'ultime effort offensif des armées allemandes
en Champagne et à Château-Thierry. C'est pourquoi la question, si importante et dramatique,
des mutineries militaires de l'année précédente
ne fut pas traitée à fond, en raison même de sa
gravité. La plupart des détails que je donne
ici voient le jour pour la première fois. On ne
se préoccupa point de savoir par quelle voie,
par quels colporteurs privilégiés parvenaient au
front les ballots des feuilles de trahison d'Almereyda et de Landau. La police civile était celle
du ministre de l'Intérieur, accusée précisément
de complicité. La police militaire était toute
employée dans la zone des opérations. C'est
ainsi que nombre des coupables, des complices
de Malvy, de Leymarie et du *Bonnet rouge*,
purent échapper, faute d'enquêteurs. C'est le
vice des juridictions politiques, telles que la
Haute-Cour, qu'elles ne peuvent faire abstrac-
tion des questions politiques, dans la recherche
de la vérité. J'eus l'impression très nette (et
d'autres l'eurent avec moi) que, pour ce qui

était des mutineries militaires, la gauche séna-
toriale préférait ne pas approfondir et se ranger
à la thèse ridiculement absurde de Painlevé :
origine spontanée de ces soulèvements.

Si, après l'armistice du 11 novembre, les
armées alliées étaient entrées à Berlin (comme
elles auraient dû le faire, dans l'intérêt de la
paix future) et si elles avaient mis la main sur
les archives de la police de guerre, de la police
d'État, elles auraient eu aisément la clé du
faux mystère et les noms des principaux instigateurs en France des mutineries de 1917. Je
n'en veux pour preuve que cette circulaire
allemande publiée par *le Petit Parisien* du mercredi 6 février 1918, dont l'authenticité, et
pour cause, n'a jamais été discutée. Elle éclaire
d'un jour cru les puissantes organisations
d'espionnage qui fonctionnaient chez nous, avec
la complaisance criminelle d'une partie des
pouvoirs publics, chargés de les surprendre et
de les détruire :

CIRCULAIRE DU 23 FÉVRIER 1915

Directeur de la presse au ministère des
Affaires étrangères à tous les ambassadeurs,
ministres plénipotentiaires et autorités con-
sulaires dans les pays neutres.

Il est porté à votre connaissance qu'il est fondé
sur le territoire du pays où vous êtes accrédité des
bureaux spéciaux d'organisation de propagande

dans les pays de la coalition en guerre avec l'Allemagne. La propagande aura pour but de faire naître des mouvements sociaux accompagnés de grèves, des explosions révolutionnaires, des mouvements séparatistes et la guerre civile, ainsi qu'une agitation en faveur du désarmement et de la cessation de cette guerre sanglante.

Vous aurez à protéger et à aider par tous les moyens ceux qui sont à la tête de ces bureaux de propagande. Ces personnes vous fourniront les attestations nécessaires.

BARTELME.

Cette circulaire date de 1915. Il a fallu plus de deux ans à l'ennemi (et combien de millions de marks !) pour obtenir, avec la coopération du ministre de l'Intérieur français, deux mois de turbulence militaire, et des phénomènes de dissociation. Voilà qui prouve la résistance de notre moral national ! Mais on eût dû le ménager davantage.

Il convient de noter ici que, le 20 avril 1917, un mois avant les mutineries, était venu devant la cinquième chambre correctionnelle (président M. du Bousquet de Florian) un procès en diffamation, que nous intentait le directeur du *Bonnet rouge*. Maître de Monzie, avocat réputé et d'ailleurs fort galant homme (mais manifestement peu observateur, comme la plupart des républicains de gauche) prononça pour l'L. B. 137 de la police allemande, supposé par lui « bon Français », une plaidoirie qu'il est intéressant de relire à distance ; en voici le passage saillant et comique :

L'accusation est formelle : vous êtes, vous monsieur Almereyda, vous journaliste, dans les circonstances présentes, un agent de l'Allemagne, parlons net, vous êtes un traître, et votre trahison a d'autant plus d'importance que votre journal fait figure d'organe politique, que dans les colonnes de ce journal ont écrit, non pas seulement des parlementaires importants, mais tels parlementaires devenus membres de la Défense nationale.

Et, dans une certaine mesure, à l'heure présente, j'ai le droit de dire que l'accusation portée contre M. Almereyda atteint directement, par un ricochet certain, tel de ses anciens collaborateurs associé d'une façon toute particulière à la Défense nationale, comme l'actuel ministre de la Guerre (M. Paul-Prudent Painlevé), car, enfin, je pense comme vous, il n'est pas permis à un gouvernement de se tromper sur la qualité de ses amis. Il ne lui est pas permis d'ignorer les gens qu'il emploie ou ceux dont il accepte le concours ; et, par conséquent, l'accusation que M. Léon Daudet a dirigée, en des termes qui ne permettent pas de discuter, l'accusation de trahison est la plus grave qui puisse, à l'heure présente, être portée.

En fait, Painlevé n'avait donné aucun article au *Bonnet rouge ;* mais il n'avait pas interdit à Almereyda d'user de son nom, et d'immenses affiches couvraient Paris, où on lisait, parmi les collaborateurs de la feuille « allemande », le nom du ministre de la Guerre français !

Les magistrats de la cinquième chambre correctionnelle, dans leur ignorance totale des moyens de l'espionnage allemand en France (et bien qu'amplement avertis par nous quant au rôle du *Bonnet rouge*, et aux personnalités de Duval, Marion, Almereyda et Cie) nous condamnèrent à une amende et à des dommages-intérêts de quelques centaines de francs, en réciprocité d'une semblable amende et de semblables dommages-intérêts, infligés antérieurement, et sur notre requête, à nos adversaires. C'était et c'est encore l'habitude de certains juges légers de renvoyer ainsi, dos à dos, les défenseurs du pays, dénonciateurs des traîtres, et les traîtres. Le lendemain de ce jugement inconsidéré, j'écrivis dans notre journal ces lignes malheureusement prophétiques : « Nous ferons observer respectueusement aux magistrats de la cinquième correctionnelle que Vigo, dit « Almereyda », et ses acolytes se targuent déjà de notre légère condamnation comme d'un permis de continuer. Bien loin d'apaiser, ce jugement mal fondé va, au contraire, exciter les ennemis de l'ordre public et de la France en guerre. Il sera exploité, par cette bande de gens sans aveu, comme un succès de leur détestable cause. C'est pourquoi nous regrettons ce jugement, non seulement pour nous, qui savons, au nom de l'intérêt national, prendre notre parti gaillardement de bien des choses affligeantes, mais pour les honorables magistrats qui l'ont prononcé sans une connaissance suffisante de ce qui fait le fond même du débat, et surtout, oui surtout, pour le pays. »

Trente jours après éclataient les mutineries militaires. Supposez que, se rendant à nos arguments et à nos preuves (présentés avec la précision et la pertinence juridiques que l'on reconnaît universellement à notre avocat et ami, le marquis de Roux), supposez que la cinquième chambre ait durement frappé, avec les considérants mérités, la « canaille du *Bonnet rouge* », comme disait Barrès, un grand malheur (qui faillit devenir une catastrophe) eût été évité, et de pauvres diables, égarés par des meneurs scélérats, propagateurs d'une feuille de trahison, n'auraient pas été fusillés, ne seraient pas partis pour le bagne, où certains sont encore.

Sans moyens de police suffisants, la magistrature est amenée forcément à l'ignorance, sinon à l'erreur judiciaire. En temps de guerre, on le voit par notre exemple, cette ignorance et cette erreur peuvent avoir des conséquences incalculables.

L'horizon, à l'heure où j'écris ceci, demeure trouble. Du jour où nous abandonnerons les zones d'occupation que nous tenons actuellement en Allemagne, une nouvelle guerre menacera rapidement. Si la démocratie dure en France, étant données l'amnésie d'assemblée et la limi-

tation des naissances, jointe à celle, progressive, des crédits militaires, il faut craindre que
cette agression, dite « de revanche », ne puisse
être prévenue, ni empêchée. C'est pourquoi je
voudrais tirer ici la leçon des mutineries militaires de mai-juin 1917, en souhaitant que ces
lignes tombent sous les yeux des hommes
(militaires ou civils) qui auront, quand l'heure
sonnera, la charge de la défense nationale.

On peut dire de la presse quotidienne ce
qu'Ésope disait de la langue : qu'elle est la
meilleure et la pire des choses. La guerre de
1914-1918 a prouvé que toute action de l'ennemi
par l'intérieur doit s'appuyer sur deux ordres
de complicité : l'un de presse, l'autre de police.
La trahison et l'espionnage ne sont plus des
choses laissées au hasard. Ce sont et ce seront
désormais des services organisés, ayant un
pivot dans la Sûreté, un second pivot dans
un quotidien, un troisième pivot dans le
parlement, et accomplissant ainsi leur besogne
criminelle avec la connivence, ou du moins
l'aveuglement chronique, d'une partie des autorités chargées normalement de les réprimer. Un
pareil réseau est étrangement facilité par
l'anarchie démocratique, où les organismes de
protection sociale et nationale ne commu-
niquent pas entre eux (vu l'absence d'une autorité supérieure, ce qu'on a appelé *le trou par
en haut*), où ces mêmes organismes sont soumis

aux oscillations de l'électoral, qui vient périodiquement les traverser et ébranler.

Pour que *le Bonnet rouge* et *la Tranchée républicaine* pussent être largement répandus dans la zone des armées, en temps de guerre, il fallait des complaisances subalternes, assurées elles-mêmes par une complicité supérieure, celle-ci échappant à tout contrôle. C'est devant cette série de compromissions que se sont trouvés les officiers généraux chargés d'enquêter sur l'origine des mutineries, et aussi les hommes politiques qui ont colligé les résultats de ces enquêtes. Les premiers n'ont pas osé, les seconds n'ont pas voulu aller jusqu'au bout de leurs recherches. Seule, une Chambre Ardente, ne dépendant que du Souverain, aurait pu ouvrir et nettoyer à fond l'abcès du printemps de 1917, en établissant les responsabilités de chacun. Dans son lumineux réquisitoire, le procureur général Mérillon a tracé les linéaments de cette grande étude, capable de préserver et de sauvegarder l'avenir. Les circonstances particulières à l'été de 1918 ne lui ont pas permis de conclure. Mais il a certainement senti et compris, lui, que la France avait été à deux doigts de la catastrophe irréparable. Si les Allemands, du 22 mai au 15 juin 1917, avaient connu l'étendue du trou et du désarroi creusés dans nos lignes par ces soulèvements « de laboratoire », ils auraient eu de sérieuses chances de passer. Heureusement ils craignirent un piège et laissèrent tomber le cheveu unique de l'occasion.

J'ai dit que l'espion allemand Henri Guilbeaux (compère du fameux agent boche Hartmann, qui fut directeur du *Paris-Genève*) avait annoncé les mutineries dans le numéro de mai-juin 1917 de sa revue *Demain*, paraissant au moment où celles-ci éclataient. Ce fait si caractéristique de double vue, ou de prévision, n'a jamais été tiré au clair, et il n'y fut fait qu'une courte allusion au procès de Guilbeaux et d'Hartmann (jugés et condamnés à mort par contumace) devant le troisième conseil de guerre de Paris en février 1919. Voici le passage :

Malgré tout ce que l'on peut dire, — *et je ne crains aucun démenti*, — le front est gagné par l'esprit révolutionnaire; des soldats se rendent en cortège devant leurs officiers; de nombreux soldats chantent *l'Internationale* et d'autres chants de révolution, et des drapeaux rouges sont déployés; on pétitionne dans les tranchées contre une nouvelle campagne d'hiver et l'on fait circuler des listes demandant la constitution de comités d'ouvriers et de soldats. (*Demain*, nº 14, p. 57.)

Deux hypothèses : Guilbeaux est sorcier, ou bien il savait de bonne source (étant familier du *Bonnet rouge* et pénétrant librement en France) ce qui allait se passer. Tel l'empoisonneur qui, ayant réussi à faire pénétrer sa drogue dans un organisme, en décrit à l'avance l'effet toxique.

Chapitre VII

INSUFFISANCE DES PRÉSIDENTS DU CONSEIL PENDANT TROIS ANS DE GUERRE.

Un régime absurde : le régime républicain parlementaire. Tellement absurde qu'il cesse de fonctionner dès qu'il se passe au dehors quelque chose d'important, et qu'à la première alerte extérieure la Chambre doit se taire, s'absenter, ou s'effacer temporairement. A l'intérieur de ce régime, une Chambre de guerre, élue sur le programme de la paix universelle entre les nations et du rapprochement franco-allemand; ce qui, pratiquement, constitue une prime à la trahison. Au-dessus de cette Chambre, pendant trois années mortelles (et même homicides), c'est-à-dire jusqu'à Clemenceau exclusivement, quatre cabinets ayant pour chefs quatre hommes de gauche, quatre incapables, plus ou moins indifférents à l'idée nationale.

Cela explique la longue durée des hostilités et l'hécatombe en surcroît. Une politique saine et nationale est le soutien des armées en campagne. Nos armées n'ont pas été soutenues. En beaucoup de cas, elles ont été trahies. Il faut voir les choses comme elles sont : du 2 août 1914 au 16 novembre 1917, tout a été, quant à l'intérieur et à nos efforts diplomatiques et de propagande, de travers et à vau-l'eau. Au centre même de la machine, au quai d'Orsay, les ministres n'étaient que des prête-noms; le dadaïsme, l'innovation insane, la fantaisie dangereuse, l'improvisation bousculante régnaient despotiquement. A des types comme Viviani, Briand, Ribot, il faut de toute nécessité un maire du palais, quelqu'un qui sache où sont les traités antérieurs et comment se rédigent les traités nouveaux. Berthelot fut ce maire du palais.

Viviani est avant tout un niais, gonflé de poncifs et de vent. Sa vacuité donne le vertige. Mentalement, c'est l'école du soir, le primaire à exaltations périodiques. Pas mauvais homme, certes, mais bête à pleurer, quand il réfléchit et conclut. Quand il écrit, il prête à rire. Sa « Réponse à Guillaume II », en une douzaine d'articles, a donné la colique hilarante (la plus agitante de toutes) à des milliers de Parisiens et de provinciaux. Les *Mémoires de Guillaume II* étaient bien godiches. Ceux de Viviani, de l'avis général, furent de deux points au-dessous et d'une confusion métaphorique inénarrable.

Briand, encore plus ignorant et paresseux que Viviani et de même formation foraine, est, en outre, un personnage pervers et menteur. Alors que Viviani, avant les repas, ressemble à un porteur d'eau endimanché et, après les repas, à un marchand de vin, Briand a un facies d'empoisonneur chevelu. Je l'ai eu en face de moi à la Chambre, pendant trois ans. Je crois le connaître à fond; il m'a toujours intéressé, comme réactif et pierre de touche de la démocratie, comme mélange de ruse et de vase.

Ribot, c'était le Tartuffe d'académie, pourvu de grands moyens oratoires, instable et perfide en amitié, ne tenant qu'au suffrage des gauches : type d'anarchisant libéral, ayant horreur de tout ce qui est franc et direct.

Painlevé, c'est un mélange, à parties égales, de dons mathématiques et de basse fourberie. Bredouilleur et bafouilleur comme un putois, il se défend à l'aide de projections méphitiques. La sincérité d'autrui le plonge dans un désarroi total et risible. Il peut être haineux et même vindicatif, mais d'une autre façon que Briand. On se demande ce qu'il vient faire dans la politique, sinon y récolter des nasardes. Son attitude, dans la Chambre actuelle, est piteuse et nulle, alors que, dans la précédente, il faisait florès !

Voilà quels furent, pendant trois ans, nos protecteurs, nos défenseurs et nos guides ! Pendant trois ans, ces quatre crétins (dont deux, Ribot et Painlevé, étaient dorés et gaufrés à l'Institut), administrèrent le peuple le plus exposé, le plus menacé, le plus saignant, le plus massacré, mais aussi le plus ferme et le plus héroïque de l'univers, avec un laisser aller, un « je m'en fichisme » complet. On a dit d'eux, très justement, qu'ils n'osaient faire ni la paix, ni la guerre. Leur anticléricalisme notoire (cette tare des intelligences inachevées) leur interdisait, par exemple, de rechercher avec l'Autriche une paix séparée, qui eût amené l'effondrement de la Duplice. Au dedans, ils tremblaient devant Malvy, représentant de Caillaux au gouvernement, et ils auraient sacrifié à Caillaux et à Malvy (c'est-à-dire à l'Allemagne) nos meilleurs officiers, nos premiers administrateurs. Haïssant le principe monarchique et *l'Action française*, qui le préconise, ils refusaient et rejetaient systématiquement tout ce qui leur venait de chez nous, notamment la grande idée de Maurras, la Part du combattant, et nos propositions de réprimer l'espionnage. Aucun des périls réels qu'on leur signalait, dans l'intérêt de tous, n'était pris en considération par eux. D'abord, parce qu'ils nous détestaient. Ensuite, parce qu'ils redoutaient les admonestations de l'extrême gauche, le reproche de « pactiser avec les réactionnaires. »

Aucun de ces quatre malheureux ne paraît avoir eu la moindre idée de l'ampleur du drame qui se jouait sous son gouvernement, ni la moindre pitié agissante pour tant de sacrifices effroyables. Viviani, Briand, Ribot, Painlevé, chacun selon son type, acceptaient l'hécatombe comme une chose toute naturelle, comme une saignée à laquelle ils présidaient solennellement, et qui augmentait leur importance. Quiconque tendait à les faire sortir de leur ornière, de leur trantran parlementaire, était, à leurs yeux, un gêneur ou un exalté. Lors de je ne sais plus quelle grande bataille, où nos pertes avaient été sérieuses, quelqu'un se présenta avenue Kléber, chez Briand, qu'il trouva affalé et nerveux : « Imaginez-vous, lui dit l'homme des prairies de Saint-Nazaire, que me voici brouillé avec Téry, à la suite d'une commission mal faite. Je suis frais ! » Impossible de l'arracher à cette préoccupation. Il ne se rasséréna qu'après un coup de téléphone d'un chef de cabinet, lui annonçant que le poussah de *l'Œuvre* acceptait ses excuses.

Alfred Capus, qui fut directeur du *Figaro* pendant la guerre (il écrivait dans ce journal un filet quotidien de ton excellent), Alfred Capus voyait familièrement Briand, dont l'ignorance encyclopédique le divertissait : « Chez ce brave type (disait-il de sa voix flûtée et musicale) il n'y a pas de bibliothèque. En fait de livres, on n'aperçoit que des chaussettes et des bouts de cigarettes fumées. » Il reconnaissait en lui un personnage de ses romans, narquois et fins, sur la bohème arrivée. Je l'entends encore, dans une voiture qui nous emmenait à travers Paris, s'émerveiller et rire des circonstances politiques qui mettaient à la barre d'un pays comme la France, au point le plus sanglant et menaçant de son histoire, un individu aussi complètement « défibré ». Il voyait là un signe de l'absurdité de l'univers, et, comme Macbeth, « un conte dit par un idiot, plein de fracas et de folie, et qui ne signifie rien ». J'y voyais, moi, une conséquence logique du régime à l'envers.

Chez ces quatre nains, introduits par le parlementarisme dans une tragédie gigantesque, un même sentiment existait : l'antimilitarisme, et sa conséquence naturelle : l'apatriotisme. Mais alors que, chez Viviani et chez Briand, cette méfiance à l'égard des militaires de carrière venait de leur formation révolutionnaire et école du soir, chez un Ribot, comme chez un Painlevé, elle était d'origine académique, raisonnante et sorbonicole. Cette méfiance semée de haine, Viviani et Briand l'avaient puisée dans l'école du drapeau rouge, dans les parlotes et congrès maçonico-socialistes, dans ce magma de gauche sur lequel champignonnent leurs pareils, pour passer de là aux salons israélites, grecs et danubiens. Ribot et Painlevé l'avaient puisée dans les livres traitant des droits de l'homme, le commerce des juristes et les doctes fréquentations. Ainsi présidaient-ils à l'hécatombe avec des sentiments intimes, qu'ils croyaient propres à la freiner, et qui étaient, au contraire, les plus propres à l'augmenter. Car tout ce qui affaiblit, en temps de guerre, la discipline, la hiérarchie et le commandement, aboutit finalement à l'homicide en surcroît. Tout ce qui est flasque et fluent, verbal et conventionnel, est dangereux. Tout ce qui est dur, tout ce qui est décision et fermeté, est utile.

Pour comprendre les gens, il faut se mettre à leur place. Viviani, Briand, Ribot, Painlevé étaient quatre plats politiciens, accoutumés à ne voir le pays qu'à travers les combinaisons de partis, de clans et de groupes. Le choix de leurs collaborateurs était pour eux, en guerre comme en paix, un savant dosage de voix de gauche et du centre gauche, constituant et stabilisant une majorité. Ils vivaient dans le compromis, un compromis méfiant, ou agressif, pour cette force militaire et religieuse, autour dé laquelle s'était cristallisée la nation. Ils vivotaient ainsi au jour le jour, faisant la part d'une calamité qu'ils ne cherchaient même pas à abréger, parce que, pour l'abréger, il eût fallu pratiquer une politique étrangère de compromissions cléricales. Ils s'en remettaient, quant à cette politique étrangère, sur Philippe Berthelot, anticlérical passionné comme tous les siens, très entreprenant et nul en histoire. Dans chaque nouveau généralissime ils voyaient un César, ou un Napoléon possible (ceux du moins qui savaient ce que fut César ou Napoléon), le détestaient sourdement, et lui suscitaient, à peine nommé, des obstacles, des calomniateurs et un rival.

Je pense que Joffre, Gallieni, Foch, Pétain, Nivelle, Franchet d'Esperey, Castelnau (pour ne citer que ces sept très grands chefs de guerre) ont eu des lumières, ou des lueurs, sur le incroyables intrigues politiques, qui se jouaient à Paris dans leur dos, cependant qu'ils faisaient face à l'ennemi. Il y aurait un volume à écrire sur ces toiles d'araignées, tendues du Palais-Bourbon au Sénat, d'août 14 à novembre 17, autour de ces soldats, diversement mais également magnifiques, et tels, qu'à aucun moment de l'histoire, il n'y en eut sans doute de supérieurs. Directeur d'un journal politique, qui est lui-même le centre d'une ligue infiniment nombreuse et ramifiée, j'ai eu, sur ces manœuvres des quatre présidents du Conseil antérieurs à Clemenceau, des renseignements de première main, que les intéressés eux-mêmes n'ont pas eus : « C'est moi qui ai fait Joffre et Gallieni, » disait Viviani. « Moi (disait Painlevé), j'ai fait Foch et Pétain. » Ainsi des autres. A en croire Briand, l'expédition de Salonique était son œuvre. D'un regard d'aigle, il avait embrassé et jugé l'importance de la question d'Orient, la nécessité d'un front oriental. Or, il serait sans doute bien embarrassé de dire, encore à l'heure actuelle, où se trouve exactement Salonique. Il y a deux ans, il plaçait Aix-la-Chapelle en Prusse, au grand amusement de Maurras ! Mais ce qui a toujours surtout intéressé ces quatre abrutis présidentiels, dans leurs rapports avec les généralissimes, ç'a été la question de savoir si ceux-ci étaient bien de gauche, et dans quelle mesure ils allaient, ou n'allaient pas, à la messe. Le reste était secondaire, cela seul importait *quant aux rapports avec le parlement.*

D'où l'importance bouffonne de la question Sarrail, pendant quatre ans.

Je ne connais nullement le général Sarrail. Je sais qu'il manque de jugement, car il fut éperdument dreyfusard et qu'il a des talents militaires, puisqu'au début de la guerre il a été, au même titre que ses illustres camarades, un des vainqueurs de la Marne, devant Verdun. Je l'ai vu assez penaud, et même déconfit, au procès de Charles Paix-Séailles et des documents d'Orient. C'est un grand vieillard, très droit de taille, comme corseté, avec une tête trop jolie et virevoltante de poupée chère. On le devine fat, léger et gaffeur. Assis à l'extrémité d'un banc peu confortable, il avait à deux pas de lui une charmante dactylo du *Bonnet rouge* (qui le regardait curieusement), votre serviteur, jouissant du spectacle, et un grand soldat, le général Cordonnier, cité lui aussi comme témoin. Il m'est apparu que le général Cordonnier, qui venait, je crois, d'être opéré et parlait avec difficulté, n'avait pas une affection très profonde pour son camarade le général Sarrail. D'autres officiers, dont j'ignore les noms, marquaient aussi une certaine distance vis-à-vis du commandant en chef de l'armée d'Orient. A un moment donné, Théodore Steeg, cher à Millerand, passa, soufflant dans son nez, et se précipita pour saluer le républicanissime Sarrail, qui lui serra mélancoliquement la main.

La républicanissimerie du général Sarrail (on peut le dire sans exagération) fut un des principaux sujets, débattus en Conseil des ministres et en Conseil de cabinet, pendant toute la durée de la guerre. Les amis et tenants de Sarrail s'indignant de ce que celui-ci n'eût pas la conduite générale des armées de terre, d'air et de mer, et voyaient là une sorte de complot réactionnaire. Les quatre présidents du Conseil susnommés s'efforçant de démontrer et de prouver qu'ils faisaient au contraire, pour le général Sarrail, tout ce qu'il était humainement possible de faire, sans mécontenter ses supérieurs directs. Chaque jour, *le Bonnet rouge* dénonçait une nouvelle conjuration des calotins et de l'A. F. contre Sarrail; alors qu'au contraire nous avions donné, Maurras et moi, la consigne, pour toute la durée de la guerre, de ne laisser jamais passer une ligne désagréable pour ce brave Sarrail, ni pour aucun militaire, quel qu'il fût. Ce qui n'empêchait pas la censure de nous recommander, deux fois par semaine, de ne pas prononcer le nom du général Sarrail, si ce nom ne devait pas être accompagné d'une épithète, ou d'une mention élogieuses. Nous en avions fait une blague et un bateau. La raison de tout ce branle-bas, c'est que le général Sarrail était, paraît-il, cher à Caillaux, qui l'avait inscrit dans son *Rubicon*, parmi quelques autres rubiconeries. Caillaux, qui a une tête de serin tragique, devait, de toute éternité, avoir une préférence pour ce trop beau général cambré, à tête d'émouchet.

Mais, le plus cocasse, c'est que la question Sarrail survécut à la guerre. Quand il fut question d'octroyer le bâton de maréchal au général de Castelnau, notre collègue, sauveur de Nancy, véritable instigateur de l'expédition de Salonique, et qui conseilla, en 1916, la défense à outrance de Verdun, certains ministres — c'était sous Millerand, ou sous Leygues — objectèrent : Sarrail. Le nom magique du républicanissime suffit à frustrer le grand Castelnau de la récompense qui lui était due. Caillaux, bien qu'interdit de séjour, a conservé quelque influence politique et il rubicone jusqu'au Conseil des ministres. C'est tout bonnement prodigieux !

Nos quatre abrutis de la présidence du Conseil (Viviani, Briand, Ribot, Painlevé) eurent évidemment la tête tournée par une situation si au-dessus de leurs capacités réelles, et qui faisait d'eux les arbitres apparents de la destinée de la France. La censure, institution indispensable et tutélaire, en écartant d'eux toute critique, les rendit semblables aux dieux et d'une hilarante susceptibilité. Aujourd'hui Ribot a disparu sous les ombres, avec sa tête blanche, courbée et bouclée, ses grandes guiboles et ses absurdes idées sur l'équilibre européen. Mais les trois autres nous restent, hélas ! et, lisant ceci, s'ébahiront qu'on puisse librement imprimer de pareilles appréciations sur leurs augustes personnes. Ajouterai-je que, ni dans Aristophane, ni dans Cervantès, ni dans Swift, ni dans Rabelais, on ne trouve une aussi risible disproportion entre les hommes et la conjoncture qu'entre la présence au sommet de l'État de Viviani, de Briand, de Ribot et de Painlevé et la guerre européenne. Les deux premiers, sans instruction et d'une nullité de caractère *totale*. Les deux derniers ennemis du réel, fluctuants et fourbes, sans générosité et nourris des pires poncifs démocratiques.

Ici une question se pose : comment Raymond Poincaré, Président de la République du temps de guerre, appela-t-il à la présidence du Conseil, ou laissa-t-il venir, à la présidence du Conseil, ces quatre Nuls?

Réponse : Raymond Poincaré a de grandes qualités; mais il a un défaut, qui parfois les inhibe. Il se méfie de lui-même et de la décision heureuse et rapide qu'il pourrait prendre. En lui luttent le patriote lorrain et le républicain discipliné, qui ne discute pas l'essence du régime et accepte ses insanités, diverses et fondamentales. Discernant le meilleur, il peut ainsi s'abandonner au pire, c'est-à-dire à l'indécision chronique et au penchant d'institutions falotes. Le délai du vote, l'importance de la majorité, font partie de sa formation intellectuelle. Ainsi s'expliquent les choix qui lui furent imposés, jusqu'à Clemenceau exclusivement. On raconte qu'il crut à Painlevé, pour commencer. C'est qu'il ne l'avait pas bien regardé. Mais en novembre 17, estimant que tout pouvait être perdu, qu'il n'y avait plus une faute à commettre, il appela Clemenceau, qu'il n'aimait pas, qui ne l'aimait pas et le brocardait. Ce faisant, il montra une grandeur d'âme bien rare chez les hommes de sa génération.

Malfaisants dans les questions de haut commandement militaire, de diplomatie et de défense nationale (en raison de tares que nous

avons dites), Viviani, Briand, Ribot et Painlevé
furent inertes en matière administrative et
laissèrent ainsi le champ libre au combisme, et
au caillautisme son successeur, c'est-à-dire à
la trahison. Ceci apparut de façon éclatante,
lors de leurs quatre dépositions en faveur de
Malvy, devant la Haute-Cour de juillet 1918.
C'est pourquoi je n'attendrai pas d'en être à ce
point de mon récit pour puiser, là, sur leur
compte, des éléments d'appréciation psychologique. Lequel des quatre fut le plus piteux, le
plus menteur et le plus niais? Tellement piteux,
menteurs et niais, que les huissiers eux-mêmes
du Sénat, tout le public, et les autres témoins,
se fichaient d'eux ouvertement, et que les hauts
magistrats du siège et certains commissaires
sénateurs ne cachaient pas leur mépris et leur
dégoût. Que de fois, en deux jours, ai-je entendu
cette réflexion : « Dire que c'est ça qui gouver-
nait la France ! »

La préoccupation, commune au quatuor, était
de se couvrir, en couvrant Malvy, sans couvrir
le Bonnet rouge qui était le journal de Malvy...
et de Berlin. Cette préoccupation apparaît dans
ce cri du cœur de Viviani que j'emprunte à la
sténographie du procès : « Vous avez dit que
M. Caillaux, par des voies obliques et sournoises,
s'était emparé du ministère de l'Intérieur !
Quelle est donc l'opinion que vous avez de
MM. Ribot, Briand et Viviani? Vous nous déli-

vrez là, monsieur le procureur général, un certificat de cécité intellectuelle et morale que, pour ma part, je n'accepte pas. M. Caillaux s'est emparé du ministère de l'Intérieur, moi ne le sachant pas ! Alors il faut faire le procès de mon intelligence. Ou moi le sachant ! Et alors il faut faire le procès de ma conscience. J'attends vos réquisitions orales ! »

Le procès de l'intelligence de Viviani, — quand, il parlait ainsi, — n'était plus à faire. Il avait remis 20.000 francs à Almereyda pour son journal, à la demande de Caillaux ou de Malvy, ne pouvant ignorer, lui président du Conseil, le sommier judiciaire du directeur du *Bonnet rouge*.

Painlevé n'était à la présidence du Conseil que la doublure de Caillaux et il le montra bien.

Ribot eût vraisemblablement étouffé l'affaire du chèque Duval (dont il ne saisissait pas, au début, l'importance) si l'apostrophe de Barrès, à la séance de la Chambre du 7 juillet 1917, ne l'avait contraint à se déclarer... et encore avec quelles réticences, et sans nommer la feuille de trahison !

Quant à Briand, il connaissait parfaitement la bande du *Bonnet rouge*, ayant lui-même naguère employé Jacques Landau et étant surabondamment renseigné par ses chefs de cabinet. Mais Almereyda était mort et Landau, emprisonné, avait tout intérêt à se taire. Le vieux farceur eut ainsi toutes facilités pour feindre l'ignorance, jusqu'au moment où le pro-

cureur Mérilion, qui l'écoutait avec une incré-
dulité narquoise marquée, l'interrompit dans les
termes suivants :

M. LE PROCUREUR GÉNÉRAL. — Vous avez indiqué
quelle était la direction de votre gouvernement. Et
vous pensez que M. Malvy a suivi vos instructions.
Je vais vous poser deux questions.

Quand vous avez parlé du *Bonnet rouge* à M. Malvy,
saviez-vous quels étaient les rapports du ministère
de l'Intérieur avec Almereyda et l'influence dont
cet homme jouissait au ministère de l'Intérieur?
N'avez-vous pas été étonné, vous, président du
Conseil, d'avoir été obligé d'inviter M. Malvy à
faire attention aux changements d'attitude du
Bonnet rouge, alors que cela était complètement
dans les attributions du ministre de l'Intérieur?

M. BRIAND, — Je savais que le ministre de l'Intérieur avait des contacts avec *le Bonnet rouge*, son
directeur ou ses rédacteurs. Le ministre de l'Intérieur
est un homme politique après tout. Le ministère de
l'Intérieur est un endroit où va tout le monde. Le
ministre est appelé à bien des contacts et le meilleur
ministre est souvent celui qui en a le plus. Il faut,
bien entendu, prendre des précautions. Mais M. Malvy,
au sein des divers Conseils des ministres n'avait pas
caché qu'il y avait le plus grand intérêt à tenir les
hommes du *Bonnet Rouge* parce que, précisément,
ils s'adressaient à la clientèle la plus turbulente des
milieux politiques parisiens. Quelle était la nature
de ces rapports? Je ne pouvais pas le savoir. Mais,
dès que mon attention a été attirée par certaines
notes parues dans ce journal, j'ai cru immédiatement
de mon devoir de prévenir M. Malvy et je dois dire
que dès le premier avertissement il m'a dit : « Ne

vous gênez pas. » Ce sont ses propres paroles. « Ne vous gênez pas, si vous croyez devoir prendre des mesures spéciales à l'égard du *Bonnet rouge* et de ses rédacteurs, prenez-les. » De même lorsque je l'ai invité à avertir ceux des membres du parlement qui faisaient fausse route et s'exposaient à voir leur signature compromise dans des conditions fâcheuses, je sais que M. Malvy a suivi mes instructions.

Tout Briand est là. Il ne répond jamais directement à une question directe. Il biaise et prend arrogamment la tangente. Ce qu'il dit au sujet de Malvy est d'ailleurs parfaitement faux. Un ministre de l'Intérieur n'est pas un indicateur de police. Il n'a pas à prendre contact avec la crapule que ses services subalternes emploient. Il n'a pas à la subventionner. Il n'a pas à se montrer avec elle en public, ni à jouer au poker avec elle, ni à l'associer à sa politique.

Je dois dire qu'à la suite de cette déposition de Briand, dont les trous effarants et les mensonges étaient apparus à tous les regards, son retour au pouvoir eût été considéré comme une extravagante invraisemblance. Quand il sortit du Sénat, au milieu d'un silence glacial et des dos éloquents de ses amis, qui feignaient de ne pas le voir, il faisait l'effet d'un homme fini, d'un poisson vidé. Cependant, trois ans après, Millerand l'appelait à la présidence du Conseil ! Cela seul suffirait à discréditer le régime républicain. Il ne faut donc pas s'étonner que la politique étrangère et intérieure de Briand, en 1921, ait été aussi funeste à la France que la politique de Caillaux, de Malvy et du *Bonnet rouge*, en 1915, 1916 et 1917. En règle générale, un homme politique devient toujours, à un moment donné, le continuateur et le prisonnier des pratiques, nocives ou criminelles, qu'il n'a pas eu le courage de condamner.

L'inertie, vis-à-vis d'administrations défaillantes ou contaminées, constitue la seconde tare commune aux quatre Premiers du temps de la guerre, jusqu'à Clemenceau. Ces administrations, à la Justice, à l'Intérieur, à l'Instruction publique... avaient été formées en trois étapes : Waldeck-Rousseau, Combes, puis Caillaux. Elles étaient issues de la brigue et d'un esprit antinational, ou anational, donc perméable aux entreprises méthodiques de la corruption allemande. Depuis 1905, l'Allemagne voulait la guerre et, la voulant, la préparait chez elle et chez nous. Malvy ne fut que l'aboutissement d'un système issu de l'affaire Dreyfus et de l'insanité de Waldeck-Rousseau. Cette insanité (anticléricalisme et rapprochement franco-allemand) Waldeck la tenait lui-même de Gambetta, son maître et son chef, à un âge où les empreintes marquent. On sait que Waldeck avait été du « grand ministère » éphémère de Gambetta. Il eut l'idée d'utiliser le socialisme révolutionnaire, comme arc-boutant de la défense républicaine, en brimant et spoliant les catholiques. De là naquit Briand. Cependant que Caillaux naissait de l'emprise de plus en plus grande de la finance allemande sur la démocratie française. Bientôt, par le système des fiches de délation, la politique de Combes rejoignit la politique allemande. Sur ces directives suicidaires fut fondée une administration préfectorale, financière, judiciaire, policière, animée de l'esprit de guerre civile (ou religieuse, c'est tout un), étrangère à l'esprit français, et à qui tout ce qui était traditionnellement français devint en suspicion. .

Jamais Caillaux, ni Malvy, ni leurs créatures parlementaires de la Chambre de 1914, n'auraient pu faire ce qu'ils ont fait, n'auraient eu l'influence qu'ils ont eue, si l'administration avait été autre et animée, par exemple, des sentiments qu'elle avait vingt-cinq ans auparavant. Toutes autres causes de défaillance et d'ignorance mises à part, en 1914, 1915, 1916 et 1917, Viviani, Briand, Ribot et Painlevé demeurèrent soudés et collés à une putréfaction administrative sévissant, bien entendu, aux postes les plus élevés, chez les plus favorisés. La moyenne et la petite administration demeuraient françaises de cœur et de volonté. La haute administration, dans sa majorité agissante, ne voyait que le parti, qui était de gauche ou d'extrême gauche, et contaminé à fond de germanisme. Les « Hennion » étaient légion. Ils surent demeurer secrets, ou sournois, après la victoire de la Marne, irrités du splendide renouveau patriotique et catholique qui montait des profondeurs, non seulement de la nation, mais de la race. Cette victoire, qui n'était jamais entrée dans leurs calculs, leur semblait ainsi un danger et une menace, si elle n'était pas noyée dans une paix blanche, une paix de lassitude et de confusion. Ce fut là l'origine de ce qu'on appela le défaitisme.

Sans communication avec l'âme militaire, naturellement méfiants de l'âme catholique, qu'ils avaient combattue et honnie de toutes leurs forces, Viviani, Briand, Ribot, Painlevé, bien loin de chercher à remplacer, ou à combattre, la pernicieuse influence de leurs fonctionnaires chefs, la subissaient. Elle était dans le sens de leur majorité à la Chambre, dans le sens de leurs propres penchants, conforme à leurs aptitudes. Le Lazzarone, le Voyou, l'Académicien et le Mathématicien s'accordaient ainsi en un même point, qui était d'abandon, de laissez-faire, de glissements. Aucun d'eux n'entrevoyait, ni ne souhaitait, l'écrasement décisif de l'Allemagne — pour cette raison obscure. mais certaine, que le protestantisme prussien n'avait jamais cessé d'être, surtout depuis dix-sept ans, le levain, le ferment, l'appui de la laïcité française. Un Grünebaum Ballin (originaire de Francfort) n'avait-il pas collaboré, avec Briand, à la loi de Séparation?

Chapitre VIII

LE COUP DE FOUDRE

DU CHÈQUE DUVAL

Dans la seconde quinzaine du mois de juin 1917, grâce au général Pétain, les mutineries militaires avaient pris fin et le moral de l'armée (que le vieux Ribot, quelques semaines auparavant, déclarait inébranlable) commençait péniblement à se relever. Mais, à l'intérieur, la décomposition politique marchait bon train. L'échec de l'offensive d'avril, dû à l'immixtion de Painlevé et des intrigues des parlementaires, la mise à pied du général Mangin (à qui le séjour de Paris et du département de la Seine était interdit !), la disgrâce ahurissante du général Nivelle, le scandaleux jugement de la cinquième chambre correctionnelle en faveur du *Bonnet rouge*, le défaitisme turbulent de certains milieux salonnards, menés par une vieille précieuse radicale, glissée au bolchevisme et à l'anarchie et par une grande dame écervelée, l'audace croissante d'un Judet et d'un Almereyda, la

putréfaction combinée de Caillaux, de Malvy,
— ce dernier admis indûment au comité de
guerre, — d'une partie de la Chambre maudite et de l'administration, l'effondrement du
faux colosse russe, tout présageait une catastrophe imminente. Les Allemands, à cette date,
touchaient au but. Par bonheur ils venaient
de recevoir, — par les soins de Nivelle, —
un formidable pain, qui sans l intervention de
Painlevé, les eût vraisemblablement assommés,
et ils en demeuraient étourdis. C'est ce qui
les empêcha de profiter de cette dissociation et dislocation par le dedans, (calquée
sur les manœuvres de Mithridate à Rome, au
temps de Marius et de Sylla), que leurs agents
de toute sorte opéraient chez nous.

Or, le 15 mai précédent, un événement, petit
en apparence, s'était produit, qui devait avoir
sur le sort de la guerre une influence décisive,
en crevant (conformément aux vues de *l'Action
française*) la trame sanglante d'une trahison
d'État sans précédent. Sur l'ordre secret du
contrôleur général Moreau, Duval, administrateur du *Bonnet rouge*, rentrant de Suisse en
France, était fouillé à Bellegarde et trouvé
porteur d'un chèque de cent et quelques mille
francs, lequel était immédiatement saisi. M. Auguste Moreau a déposé, devant la Haute-Cour,
qu'il avait été prévenu des agissements de la
bande par une lettre anonyme, extraite de mon

courrier et recopiée. J'avais, en effet, reçu cette lettre, que j'avais immédiatement transmise à Plateau, et elle figure dans nos dossiers. Pour une fois le cabinet noir (à l'existence duquel je n'ai jamais beaucoup cru) aurait rendu ainsi un signalé service. Lors de l'unique et bref entretien que j'eus, dans la salle des témoins au Sénat, avec M. Auguste Moreau, je cherchai, mais en vain, à éclaircir ce point d'histoire. M. Moreau se contenta de sourire et de me dire qu'il partageait, en somme, mon opinion sur Malvy et sur Leymarie.

Du 15 mai au 15 juin, le secret de la saisie du chèque fut bien gardé. Autant que je me le rappelle, c'est vers le 15 juin que Plateau reçut l'avertissement que le président du Conseil Ribot avait entre les mains une pièce, établissant, de façon indubitable, la trahison de la bande du *Bonnet rouge*. Mais nous ne connaissions pas encore la nature de cette pièce. Nous nous aperçûmes, en lisant attentivement le journal « allemand » (nous l'épluchions, ainsi que *l'Éclair* de Judet, chaque jour), qu'il avait singulièrement baissé de ton. Certainement le « torchon » brûlait. C'est le 25 juin que j'allai trouver Maginot au ministère des Colonies et que je lui dis tout de go ce que je pensais de Malvy. Pourquoi Maginot? Parce que son patriotisme m'était connu, parce qu'il était Lorrain et de tempérament « frontière », ancien combattant (et au premier rang) et que sa fermeté morale, si rare dans le personnel républicain, m'était attestée, dès cette époque, par des amis communs. Je vois toujours cette journée ensoleillée, le calme hôtel du ministère, l'antichambre, le salon où me reçut ce géant sympathique, aux yeux à la fois railleurs et froids, son étonnement, nullement joué, quand je commençai mon petit exposé. Cependant, à travers cet étonnement, perçait une certaine inquiétude comme si, d'une façon encore très vague, certaines choses bizarres, qu'il avait pu constater de son poste d'observation, sans se les expliquer clairement, sortaient peu à peu de la pénombre. Le cas du ministre russe Stürmer, acheté par les Allemands, était alors dans tous les esprits. Je prononçai le nom de Stürmer, dont je me servais (à cause de la censure) pour parler de Malvy dans le journal. Maginot prenait des notes, assez ennuyé au fond du tour que prenait la causerie, et la suite a prouvé qu'il y avait de quoi, car tous les radicaux socialistes lui en ont voulu, à l'époque, de m'avoir reçu. Mais, par la suite, les événements ont fait que cette condescendance (inspirée par le patriotisme) n'a pas nui à son avancement politique. Il est aujourd'hui un de ceux sur qui le pays sait pouvoir compter.

Je me suis demandé, depuis, quelle impression le récit de mon entretien avec Maginot (fait par Maginot) put bien produire sur l'esprit du papa Ribot, en possession, depuis un mois, du chèque Duval. Il dut se dire immédiatement que le scandale du *Bonnet rouge* ne pouvait pas être étouffé, mais qu'il pouvait être limité. Cependant si, dès cette époque, cet absurde académicien avait fait venir le contrôleur général Moreau et l'avait interrogé, comme c'était son devoir, il eût compris immédiatement que le cas d'Almereyda et de Duval liait Malvy et, à travers Malvy, Caillaux. Il est vrai que, le comprenant, il n'eût plus eu qu'une idée : ne pas agir, louvoyer, chercher « qui avait bien pu documenter *l'Action française* ». Car, pendant cette période dramatique, j'ai vu presque tous les républicains se préoccuper, non de réprimer la trahison qui tuait nos soldats et préparait notre défaite, mais de découvrir et de punir les révélateurs de la trahison. A leurs yeux, un simple citoyen, non député, ni sénateur, n'a pas le droit de s'occuper de la chose publique, même s'il s'agit de sauvegarder, en temps de guerre, les intérêts les plus sacrés de la patrie. J'entends toujours la voix sifflante du bonhomme Monis me demandant, à la commission de la Haute-Cour, de qui je tenais le rapport Nivelle. Je répondis évasivement : « D'un député. » Je puis bien le dire, maintenant que je suis député moi-même : ce député était Barrès. Mais il fallait entendre l'amer « j'en étais sûr » du bonhomme Monis.

De ma visite à Maginot jusqu'au 7 juillet,
il ne fut plus question de l'affaire du chèque.
Mais, le 7 juillet, à la séance de la Chambre,
Malvy étant à la tribune et ayant voulu faire
le malin aux dépens des nationalistes, Barrès
lui jeta son apostrophe fameuse : « Parlez-nous
un peu de la canaille du *Bonnet rouge !* » Le
traître s'effondra, comme s'il avait reçu un coup
de massue. C'en était un, en effet. Ces quelques
mots de l'auteur de *Leurs figures*, passé maître
en opérations psychopathologiques, débridaient
un abcès, dont la purulence allait inonder
tout le régime. C'est un des grands exemples
d à-propos que renferme l'histoire des assemblées.
La complicité de Malvy et d'Alméreyda se trouvait dénoncée et stigmatisée publiquement. Il
fallut bien que le vieux Ribot s'expliquât et
fît allusion (timidement encore) à la saisie du
chèque sur Duval. Désormais les événements
allaient se succéder en s'aggravant, à la façon
de cailloux, puis de pierres, puis de blocs et
conglomérats, détachés par un torrent, que
détourne de son lit un léger barrage.

Le 22 juillet 1917 marque le grand tournant
de l'histoire synchronique (intérieur et front
des armées) des quatre années de la guerre. A
cette date, en effet, Clemenceau, à la tribune du
Sénat, reprocha à Malvy, pantelant, mais soutenu par son président du Conseil Ribot, de
« trahir les intérêts de la France ». Accusation

trop faible, eu égard à l'immensité et à la continuité du crime contre la patrie. Accusation
dont la faiblesse influera, un an plus tard, sur
le débile arrêt de la Haute-Cour. Mais accusation retentissante, et qui suffit à faire sauter
un des piliers de la trahison. Relu à cette distance des événements, le discours de Clemenceau
demeure fort beau. On y sent un frémissement
patriotique, bien rare alors chez les dirigeants
de la République, uniquement préoccupés des
changements électoraux que risquait d'apporter
la prolongation de la guerre. Ce 22 juillet 1917,
à n'en pas douter, l'homme du terroir, le bleu
de Vendée, à la faveur de la transe nationale,
est héréditairement réapparu en Clemenceau et
lui a inspiré des accents inoubliables, au-dessus
et en dehors des querelles de parti. C'est sur ce
thème d'« action française », sur cette dénoncia-
tion en règle du *Bonnet rouge* (absous, trois mois
auparavant, par la cinquième chambre correctionnelle) que notre vieil adversaire, depuis les
jours lointains du dreyfusisme, tant de fois
secoué par Maurras et par moi, pose en somme
sa candidature au gouvernement véritable du
pays. Quatre mois plus tard, il était président
du Conseil, et Maurras et moi donnions l'ordre
de supprimer du journal le tableau accusateur
de la limitation progressive de nos armements
d'avant-guerre.

L'enchaînement de ces événements singu-

liers est quelque chose de providentiel. Je n'ai
jamais vu Clemenceau pendant sa dictature,
panachée de parlementarisme, ni même après
la victoire. Je ne me suis trouvé en contact
avec aucune personne de son entourage. Je
n'ai connu son lieutenant principal, M. Georges
Mandel, qu'à la Chambre. Mais l'ancien directeur de *la Justice* de ma jeunesse, perdu de vue
à la mort de mon père qui l'aimait, a changé
à mes yeux de figure et de nature, à dater de
ce discours au Sénat. Cette « philippique » fut
ensuite réunie en brochure et utilement dévorée
par le public. Écrivain contestable, à cause de sa
désolante passion pour les cascades des géni-
tifs, Clemenceau est, à mon avis, le prince des
orateurs. Comment cela? Par le naturel.

Le retentissement considérable de la sortie
de Clemenceau (venant après nos campagnes
et la saisie du chèque Duval) ne pouvait pas ne
pas avoir de suites. Bon gré mal gré, il fallait
mettre en mouvement la justice cul-de-jatte
de la République et, le mardi 7 août 1917,
Malvy s'étant sauvé à Veules-les-Roses, et
laissant l'intérim de l'Intérieur au camarade
Viviani, l'Agence Havas publiait la note que
voici :

Les journaux ont annoncé, il y a quelque temps,
l'arrestation de Duval, administrateur du *Bonnet
rouge*.

Duval et Almereyda étaient depuis longtemps étroitement surveillés par les services de la police.

Un dossier avait été constitué par les soins des ministres de l'Intérieur et de la Guerre et, ce dernier, sur la demande du président du Conseil, saisissait le ministre de la Justice, le 1er juillet dernier.

M. René Viviani, garde des Sceaux, donna l'ordre le 2 juillet d'ouvrir une information judiciaire contre Duval et de prescrire l'arrestation. Le 3 juillet ses ordres étaient exécutés et M. Drioux se saisissait de l'affaire.

Des perquisitions furent alors opérées et de nombreux témoins furent entendus parmi lesquels M. Almereyda. La justice ayant, en continuant son information, jugé nécessaires des perquisitions nouvelles, celles-ci furent opérées hier lundi dans divers lieux.

A la suite de ces opérations judiciaires, un mandat d'amener fut délivré par M. Drioux, juge d'instruction, contre Almereyda. Ce mandat a été exécuté hier au soir.

Le second et le troisième paragraphe de cette note (émanée visiblement du cabinet Malvy-Viviani) constituaient un mensonge éhonté. Almereyda, loin d'être depuis longtemps étroitement surveillé par la police, était le maître de la préfecture, le « véritable préfet de police de Paris », suivant l'expression du procureur général. Quant à Duval, il était employé avec Marion aux services de M. Dumas, chef des renseignements généraux, comme la suite le démontra. Le « dossier » avait été constitué par M. Auguste Moreau, à l'insu de son ministre

Malvy, ami et compagnon de vadrouille d'Almereyda, qu'il tutoyait. Enfin Painlevé, ministre
de la Guerre, était étroitement lié avec Charles
Paix-Séailles, intime ami d'Almereyda, qui avait
été son secrétaire de rédaction au *Courrier
européen*. Il figurait, sans protester, ce même
Painlevé, sur les affiches où s'étalait la liste des
collaborateurs du *Bonnet rouge*. Il était donc
impossible de se moquer du monde avec plus
d'effronterie que ne le faisait ce communiqué.

C'est qu'en fait tout le gouvernement du
papa Ribot avait la tremblote. Arrêté à sa villa
de la rue Gaston-Latouche, à Saint-Cloud, Almereyda avait eu soin de mettre en évidence sur sa
table, outre la pièce connue sous le nom de
Testament d'Almereyda (et qui est du plus vif
intérêt), un certain nombre de lettres de Caillaux, de Ch. Paix-Séailles, de Viviani lui-même.
Le commissaire dut saisir ces pièces hypercom-
promettantes, qui furent remises au juge et
dont on n'entendit plus parler. Celui que l'on
jetait en prison (parce qu'on ne pouvait pas
faire autrement), le L. B. 137 de la police allemande, était en fait le trait d'union du grand
quartier général allemand à Charleville et du
ministre de l'Intérieur français. Il était l'ami et
le protecteur — (de rue) — de Caillaux, chef lui-
même de la majorité de la Chambre maudite. Il
avait contribué aux élections de 1914, comme
secrétaire général du *Courrier européen*, organe

international et caillautiste. Il était, à gauche, le pivot de la trahison, comme Judet, directeur de *l'Éclair* (beaucoup moins bien en cour que lui, parce que beaucoup moins brave) l'était au centre. Il existe d'ailleurs des preuves matérielles de la connivence de Judet et d'Almereyda. Ce qui doublait l'importance pratique de Judet pour les Allemands, c'était son intimité avec l'énigmatique comte Armand (qui lui paya sa villa de refuge, en Suisse, à Gunten), lequel fut, sous Painlevé, employé au deuxième bureau des Renseignements du ministère de la Guerre. Ceci fait froid dans le dos quand on sait que, dans leur correspondance familière (saisie à Bruxelles au moment de l'armistice), Lancken et Jagow parlent d'une entrevue possible (pendant la guerre !) avec Judet *(der Jude T)* et le comte Armand. Aussi est-on en droit de penser que, pour Judet, comme pour Caillaux et Malvy, et quelques autres, l'arrestation du directeur du *Bonnet rouge* fut un coup terrible. Le coup n'était pas moins écrasant pour la haute police (Leymarie, Dumas et Cie), qui avait utilisé Landau, Duval, Marion et Cie dans des conditions infiniment suspectes, puisque leurs propres services les renseignaient sur ces scélérats. J'ai conservé l'original de la pelure en partie double (Renseignements Généraux-Informations Judiciaires) qui concerne Duval. Elle porte en tête, de la main de Plateau, sa date

15

d'arrivée dans nos services : 1ᵉʳ *décembre* 1916.
Il y est spécifié que Duval est un agent boche,
qui s'est rencontré en Suisse avec le prince
d'Isemburg, le banquier Marx de Mannheim et
le nommé Flinsch, de Francfort-sur-le-Mein;
que des passeports lui ont cependant été délivrés
les 6 mai 1915 et 11 mai 1916, sous les numéros
10903 et 8469. Le premier passeport, visé le
30 octobre 1915, puis le 7 décembre suivant,
le second visé le 22 juin 1916, « *jour du vote*
(spécifie la pelure) *qui a clôturé à la Chambre le
comité secret* ». Ainsi avertie, la haute police
n'en continuait pas moins à couvrir Duval. C'est
cela qui est formidable ! C'est à cela que la Haute-
Cour n'a pas prêté une suffisante attention.
C'est de ce côté-là que tout est à craindre pour
l'avenir, tant qu'une refonte profonde des services de surveillance n'aura pas concentré
ceux-ci en une seule main vigoureuse et, dans
l'état actuel de l'Europe, de préférence militaire.

Nous n'avons eu en France, sous la République et depuis 1871, qu'un ministre perma-
nent (pendant trois ans) et omnipotent de la
police. C'était en temps de guerre. Ce ministre
s'appelait Malvy, et était un agent allemand.

Je prenais de courtes vacances en Bretagne,
au moment de l'arrestation d'Almereyda. Je dis
à ma femme et à mes enfants : « Vous allez voir
que ce pauvre diable va servir de bouc émissaire.

Il en sait trop long. On le supprimera dans sa prison. » Ça ne traîna pas. Dans la nuit du lundi 13 au mardi 14 août 1917, le directeur du *Bonnet rouge* mourait « suicidé » à Fresnes, étranglé à l'aide d'un lacet de bottine, dont il gardait le sillon bleuâtre autour du cou. L'émotion dans le public fut considérable. Les circonstances de cette mort étaient à la fois trop opportunes et trop mystérieuses pour qu'on ne conclût pas, immédiatement et logiquement, au crime d'État. La censure supprima bien entendu une note, incisive et foudroyante, de Maurras, comme lui seul sait en écrire aux heures décisives. Elle laissa cependant passer cette note de moi le surlendemain matin, tant était grand le désarroi général :

La strangulation de Vigo, dit Almereyda, dans sa prison n'étonnera aucun de ceux qui suivent depuis deux ans notre campagne contre les serviteurs de l'ennemi.

Elle est dans la logique des choses.

Du jour où M. Drioux mettait la main sur Vigo, il mettait la main sur l'inexplicable, fermant brusquement la bouche de Vigo.

Je rappelle aux deux commissions de l'armée de la Chambre et du Sénat que je leur ai proposé de m'entendre en présence de M. Malvy. Ce que j'avais à leur dire leur eût permis de comprendre les événements qui se sont déroulés voici cinq mois et ceux qui se déroulent aujourd'hui.

Afin de libérer ma conscience et en prévision de ce qui se passe, j'étais allé, il y a quelques semaines, communiquer une partie de mes renseignements à un ministre en fonctions qui m'avait promis de rapporter notre conversation à M. le président du Conseil. Il y avait la clef de tout.

Je maintiens ma proposition. Clemenceau sait beaucoup de choses, mais il ne sait pas tout. J'ajoute que la continuation de la guerre dans de semblables conditions ne peut mener qu'aux pires déboires, étant donné que Vigo et ses complices : Jacques Landau, Goldschild, dit Goldski, Henri Guilbaux et Gaston Routier, Marion et Duval, ne sont pas les seuls coupables d'intelligences avec l'ennemi et que de plus importants qu'eux sont encore en liberté.

Si les commissions de l armée, à la Chambre et au Sénat, avaient déféré à ma demande, voici ce que j'avais l'intention de faire : je comptais, mes documents et dossiers à la main, mettre froidement Malvy en accusation devant elles et le sommer de s'expliquer. J'étais convaincu que, sous le choc de ce que je lui réservais, le misérable s'effondrerait, ou m'opposerait une de ces dénégations, désordonnées et globales, qui équivalent à un aveu. Mais l'émotion du trépas affreux d'Almereyda une fois calmée, ni les députés, ni les sénateurs ne manifestèrent le désir de m'entendre et ils préférèrent retomber dans un engourdissement et un aveuglement d'où les avaient à peine tirés, pour quelques jours, les fortes paroles de Clemenceau. La lente instruction qui commença (jusqu'au moment — 24 août — où l'excellent

M. Drioux, manifestement inférieur à sa tâche, passa la main au capitaine Bouchardon) acheva de me persuader que le papa Ribot n'avait aucunement la volonté de procéder au nettoyage indispensable. Or, sans ce nettoyage, pas de salut; aucun espoir de vaincre militairement les Allemands, incrustés chez nous, et de les refouler.

Dans le même temps, les événements révolutionnaires russes, les gambades et les palabres des Kerensky, Milioukoff et Cie laissaient prévoir des affaissements prochains du front slave, et donc un déchaînement total des forces allemandes contre nous. C'était le moment du plus gros effort de propagande, à l'est comme à l'ouest, pour ces services d'espionnage et de dissociation méthodique, où les Boches excellent comme dans l'industrie chimique. Ne pouvant vaincre nos généraux (infiniment supérieurs aux leurs), ils les faisaient mettre au rancart par le parti Caillaux, maître de Painlevé. La monstrueuse disgrâce de Mangin, foudroyant génie du combat opportun et des offensives victorieuses, l'ignoble querelle cherchée à Nivelle, donnaient la mesure de ce dont le mathématicien absurde et menteur de la rue Saint-Dominique était capable. La situation générale politique et militaire devenait, de jour en jour, plus menaçante et plus mauvaise. Le bruit courait que le ministre de la Guerre paralysait la justice militaire, et cela n'était que trop vraisemblable, étant données ses accointances. Il fallait absolument que Malvy (qui avait démissionné seulement le 30 août! et s'était cramponné tant qu'il avait pu à son trahissoir) fût liquidé devant la nation, que Painlevé sautât et que Caillaux et la presse allemande fussent enfin pris à la gorge.

Tout cela n'était pas très commode, vu la censure, la guerre, l'état de siège, la composition de la Chambre et du Sénat et la nécessité patriotique de ne pas casser la machine, en cassant la trahison. Mais, à l'école de Maurras, on apprend à se servir des difficultés pour pousser plus avant. Chaque après-midi, au journal, nous discutions sur les issues possibles d'une stagnation pathétique, qui nous exposait aux pires revers. Chaque soir, avant de m'endormir, je réfléchissais au moyen de briser une conjuration républicaine-allemande, qui disposait d'hommes assurément médiocres mais de ressources pécuniaires formidables. Je finis par où j'aurais dû commencer. Je demandai à la prière, notamment à Notre-Dame des Victoires, une inspiration que ce sanctuaire n'a pas coutume de refuser à ses fervents.

Coup sur coup étaient arrêtés deux autres collaborateurs du *Bonnet rouge*, codirecteurs de *la Tranchée républicaine*, l'un espion, policier juif et maître chanteur du nom de Jacques Landau, l'autre employé au cabinet de Malvy et qui signait « général N... » au *Bonnet rouge*, où il avait succédé au Général Percin ; Goldschild, dit Goldsky. Puis la police mettait la main sur un certain Bolo-Pacha, aventurier marseillais de l'entourage de Caillaux, qui avait reçu de l'Allemagne des fonds considérables, pour acheter des journaux en France. Les deux premiers furent ultérieurement condamnés à huit ans de travaux forcés et cinq ans d'interdiction de séjour. Mais des complaisances judiciaires et des complicités policières leur permirent d'accomplir leur peine en territoire français. Bolo fut condamné à mort et fusillé. Quant à son copain et protecteur, le premier président de la cour d'appel de Paris, Ferdinand Monier (type accompli du juge pervers et vénal) il fut déféré à la cour de cassation, chassé de sa fonction et dégradé. Le cas de Ferdinand Monier est un sinistre exemple de cette « gangrène judiciaire » que dénonçait, en un jour de franchise, Louis Barthou. Il est effrayant de penser que, pendant des années et des années, des jugements et arrêts divers furent rendus par un malheureux homme, lui-même aux basques et à la solde d'un filou, agent de l'Allemagne, tel que Bolo. La corruption, ouverte ou occulte, de la justice est la plus grande cause de l'effondrement des régimes et des sociétés.

Résumons-nous : à la date dont je parle, c'est-à-dire à la fin de ce septembre 1917, il

apparaissait aux yeux renseignés, et conformément aux accusations réitérées (bien qu'atté-
nuées par la censure) de notre journal :

1° Qu'un des principaux ressorts de l'État,
le ministère de l'Intérieur, avec une grande
partie de ses dépendances de police, était aux
mains de l'ennemi ;

2° Qu'un ancien président du Conseil, chef
de la majorité de la Chambre de 1914 et dictateur des gauches (Joseph Caillaux), était aux
mains de l'ennemi ;

3° Que le second magistrat de France et le
premier président de la cour d'appel de Paris,
Ferdinand Monier, était la créature d'un agent
de l'ennemi et sollicitait de lui (après démission de sa charge) le poste d'administrateur
d'un grand journal d'informations parisien *(le
Journal);*

4° Que le ministre de la Guerre en fonctions
(Paul Prudent Painlevé) était dans la dépendance de Caillaux. Qu'ainsi les meilleurs généraux de la France en guerre dépendaient de la
fantaisie de Caillaux, des députés de la majorité
radicale-socialiste (soit bloc de gauche), et d'une
demi-douzaine de salons proboches et dévoués
à Caillaux.

5° Que deux journaux politiques, l'un révolutionnaire, *le Bonnet rouge,* l'autre libéral,
l'Éclair de Paris (sans compter une multitude

de feuilles secondaires), appartenaient au gouvernement allemand.

Pendant ce temps la Russie croulait, trahie par Stürmer et Protopopoff et retrahie par Kerensky, Mirabeau de pacotille. La menace allemande allait se porter tout entière, et en coup de foudre, avant six mois, sur le front occidental, où se poursuivait, sans alternatives importantes, une lutte d'usure infiniment meurtrière. En Italie, on était à quelques jours du désastre de Caporetto. Une seule lueur d'espoir à l'horizon, mais encore incertaine quant à la date de la réalisation : le branle-bas de combat de l'Amérique, mise en mouvement par le torpillage du *Lusitania*, et la levée, par le Président et le Sénat des États-Unis, d'un premier contingent de sept cent mille hommes.

Le dimanche 30 septembre, j'allai déposer chez le concierge de l'Élysée, avec ma carte, la lettre où je dénonçais la trahison de Malvy et de Leymarie, et qui commençait ainsi :

Monsieur le Président,

Je m'adresse à vous parce qu'il importe que vous soyez averti de ce qui n'est plus un secret pour beaucoup de personnes, parce qu'aussi vous avez un grand rôle à jouer, et que vous pouvez sauver la France.

M. Malvy, ex-ministre de l'Intérieur, est un traître. Il trahit la défense nationale depuis trois ans avec

la complicité de M. Leymarie et de quelques autres.
Les preuves de cette trahison surabondent. Il serait
trop long de vous les exposer. . . . .

Afin de ne pas me répéter, je renvoie à mon
ouvrage *le Poignard dans le dos*, paru à la
« Nouvelle Librairie nationale », ceux qui
désireront connaître le détail et l'enchaînement
des épisodes dramatiques et burlesques qui
suivirent le dépôt de ma lettre ; ma convocation,
en compagnie de Maurras, au ministère de la
Guerre où nous attendaient Painlevé, Steeg,
successeur de Malvy à l'Intérieur, et le garde
des Sceaux, Raoul Péret ; la séance épique de
la Chambre du 4 octobre, où mon accusation
formelle fut lue à la tribune, au milieu d'un
désarroi invraisemblable ; ma longue déposition,
au palais de justice, devant le capitaine Bouchardon ; la conjuration de Painlevé, ivre de
colère et perdant toute mesure, et de Caillaux,
fou de peur, pour impliquer *l'Action française*
(27 octobre 1917) dans un complot contre la
sûreté de l'État ; les suspensions sans motif, les
saisies illégales de courriers, les perquisitions
arbitraires à *l'Action française* et à nos domi-
ciles ; le non-lieu ; la scène que je fis à Painlevé,
dans son propre cabinet, rue Saint-Dominique,
devant tous les directeurs des journaux de
Paris, scène à la suite de laquelle il me tendit
sa main moite, que je refusai ; les courageuses
interventions, en notre faveur, de Jules Delahaye

à la Chambre; finalement (13 novembre 1917)
la chute du cabinet Painlevé (qui avait failli
perdre le pays) et l'arrivée aux affaires du
cabinet Clemenceau, lequel devait être le cabinet
de la victoire définitive puis, malheureusement,
manquer la paix.

Remémorées à distance, ces six semaines
étourdissantes, du 30 septembre au 16 novembre
1917, me laissent une impression d'euphorie et
de comique. D'euphorie, parce que nous ouvrions
un abcès qui rongeait, depuis trois ans, la nation
et l'armée françaises, un abcès qui eût fini par
amener la défaite et la révolution. De comique,
par la disproportion entre les événements et les
hommes présidant à ces événements. Seul, le
Président Poincaré paraissait avoir conservé son
sang-froid. La majorité radicale et radicale-
socialiste de la Chambre, prise de délire, réunis-
sait commissions sur commissions, pour me
vouer aux gémonies, me flétrir, flétrir Maurras,
l'*Action française*, la monarchie, et proclamer
l'innocence merveilleuse, sans taches, de Malvy.
Or, plus s'accumulaient ces commissions et ces
flétrissures, et plus se compliquait et s'assom-
brissait le cas de Malvy. Parmi ses amis (de
plus en plus rares, certaines histoires ayant
transpiré) les uns lui conseillaient de ne pas
bouger, de se contenter du dédain. D'autres lui
proposaient de me poursuivre en cour d'assises, dans tel ou tel patelin, présumé favorable

à sa bobine et à son républicanisme. Un sénateur, qui s'appelait quelque chose comme Simonet ou Simonide, préconisait le jury du Puy-de-Dôme, ce qui était faire injure aux braves Auvergnats. Tous s'accordaient à reconnaître que le jury de la Seine n'était pas très indiqué. En effet, au cours de mes promenades quotidiennes dans les rues de Paris, j'étais salué affectueusement par les passants, et je ne comptais plus les mères de combattants qui m'abordaient, pour me remercier de mon initiative contre la trahison. Ces marques de chaude sympathie me touchaient sans m'être agréables ; car j'ai horreur de la notoriété et mon plaisir est de passer inaperçu, de regarder autrui sans être regardé moi-même. En vérité, j'étais bien servi !

La Providence fait bien les choses. Le fait d'être député et mêlé à cette agitation batra-comyomachique de Bracke, de Renaudel, de Sembat, de Forgeot, de Puech, etc., etc., m'eût plus gêné que servi en cet automne libérateur de 1917. Il m'aurait fallu répondre aux questions des uns et des autres, discutailler, monter à la tribune, expliquer mon caractère, engueuler celui-ci ou celui-là, recevoir des témoins, en envoyer. Quelle fatigue et quelle perte de temps ! J'évitais toute cette poussière, en rédigeant à loisir mes articles, d'après les notes d'une vaste enquête. Les éléments de celle-ci me venaient de tous les points du pays et des milieux les plus divers, quelquefois les plus inattendus. Chaque soir, notre cher grand ami Jules Delahaye, accompagné parfois de Baudry d'Asson et du marquis de Kernier, venait nous rendre visite à l'A. F. et nous raconter comment les choses se passaient au Palais–Bourbon, les bobards des furibonds de la majorité... furibonds, mais inquiets au fond, à cause de leurs électeurs. Car ni Caillaux, ni Malvy n'avaient la cote, en dehors de Mamers et de Gourdon dans le Lot. Il m'était impossible d'acheter un chapeau, une cravate ou un timbre-poste, de prendre un billet, de commander une entrecôte aux pommes, de demander une communication téléphonique, sans que le chapelier, le chemisier, la demoiselle du guichet ou du téléphone, le garçon d'hôtel me demandât : « Quand les faites-vous fusiller, M. Daudet, ces salops de Caillaux et de Malvy? » Car les gens avaient pris au sérieux la blague sembatique du procureur du roi; ils s'imaginaient que je rendais la justice à côté de mon porte-plume et de mon encrier, comme saint Louis sous son chêne, et qu'une page de moi en envoyait « un » au poteau. Ce n'était malheureusement pas exact. Si tel avait été mon pouvoir, les sanctions eussent marché plus rondement et plus complètement. Ce qui a contribué à faire précaire et boiteuse la paix de 1919, ç'a été l'inachevé du nettoyage Clemenceau de 1918.

N'étant pas encore député, j'arrivais à perturber de loin cette cage de singes malfaisants qu'était la Chambre de 1914, invisible et présent à la façon de « l'Arlésienne maudite », dans la pièce d'Alphonse Daudet. Le vétérinaire Renaudel — blackboulé depuis — me traitait de dément furieux. Mais Bracke, mon collègue actuel, affirmait que j'avais suivi, en dénonçant Malvy, les *monita secreta* des jésuites et que la fève de saint Ignace était dans la galette de mes accusations. Imaginez, si vous le pouvez, une andouille érudite, farcie de grec, vous avez Bracke, à la grosse voix martelée et endormante. Or, j'ai du goût pour les jésuites, comme pour les Ordres en général, mais je ne suis pas leur élève, ayant fait mes études à Charlemagne, puis à Louis-le-Grand, étant un produit de l'Université... *alma parens*. L'excitation parlementaire était telle qu'un député, interpellant pour la n^{ième} fois sur les menées de *l'Action française*, fut pris d'un accès de délire à la tribune et dut être emporté, écumant. Quand notre collaborateur Leroy-Fournier nous conta cette scène, nous fûmes, Maurras, Bainville et moi, malades de rire... Finalement Malvy, désarçonné et quasi maboul (il y avait de quoi), eut l'idée baroque de s'envoyer lui-même en Haute-Cour, comme Gribouille, cependant que dans la presse proboche, qui avait survécu au naufrage du *Bonnet rouge*, notamment dans *le Pays* de Dubarry,

une bande d'Aïssaouas vociférait chaque matin
et chaque soir : « Daudet ou Malvy. »

Une belle et intéressante figure se détache
pour moi de cette période agitée, mais réconfor-
tante : celle du capitaine Bouchardon. Ce fervent
de Balzac, qui est lui-même un excellent roman-
cier, me paraît être, avec les procureurs Lescouvé
et Scherdlin, sans oublier le lieutenant Mornet,
le commandant Montel, le juge Délrieu (de l'affaire Mante) et deux ou trois autres, un des trop
rares magistrats qui aient compris la forme de
guerre, totale et synchronique, que nous faisait
le peuple allemand. Au fond l'Allemagne est
demeurée très inconnue chez nous, même d'une
classe cultivée comme celle où se recrutent, en
général, les gens de justice. On ignore, au Palais,
que le peuple prussien (qui donne le ton au reste)
est le singe de l'antiquité et qu'il emploie, pendant la guerre et pendant la paix, les procédés de
corruption de Philippe de Macédoine et de Mithridate. Le capitaine Bouchardon est un érudit ; ce
trait ne lui échappait pas. Il connaissait aussi
l'importance de l'imprimé, de la presse quotidienne, dans la fabrication et la déformation de
l'opinion. Ainsi dénoua-t-il, avec habileté et élégance, les fils de l'immense intrigue boche, qui
enserrait le pays. Travail ardu, délicat, dont l'histoire et la nation devront lui garder une longue
reconnaissance. J'ai passé dans son cabinet, à
suivre les méandres de sa pensée et de ses ques-

tionnaires, quelques-unes des heures les plus instructives de ma vie. Quoi de plus beau qu'un magistrat consciencieux à l'œuvre, quand il s'agit du salut de milliers et de milliers d'hommes !

Comme il arrive souvent aux travailleurs de génie (un Darwin, un Claude Bernard, un Pasteur), le capitaine Bouchardon n'avait à sa disposition que des instruments de bric et de broc : une armoire ne fermant même pas à clef; une table de cantine, un encrier de douze sous, des rames de papier très ordinaire, une serviette usagée. Mais quel diagnostic, quel coup d'œil, quelle précision ! Il est aujourd'hui conseiller à la Cour. Quand nous aurons ramené le Roi (ce qui j'espère ne tardera plus beaucoup) je le supplierai, quoique républicain, de vouloir bien accepter le poste de ministre de la Police; car la police est un ministère, sans lequel celui de la Justice n'existe pas. J'admirais avec quelle aisance il se représentait, ce juge entre les juges, les figures et les mobiles de ce milieu de haute et basse pègre, de presse vénale, de finance véreuse et de politiquaillerie sordide, qui est celui de la trahison. Quelques lignes de l'écriture de Landau ou d'Almereyda lui éclairaient toute une situation. Comme tous les véritables observateurs, il a des dons extraordinaires d'intuition et il lit couramment dans la pensée de son interlocuteur. Je comprends qu'il ait **donné des crises de nerfs à Mata Hari et à**

Caillaux ! Bref, pendant ma dernière déposition (l'ensemble avait duré une huitaine de jours) je me sentais mélancolique à l'idée de quitter le capitaine Bouchardon. Mais je me rendais compte qu'en m'attachant trop ouvertement à lui, je nuirais à sa carrière et le rendrais suspect aux yeux des futurs gardes des Sceaux de la République. Ces pauvres garçons semblent en général si timorés, si grelottants dans leur emploi, si anxieux de se compromettre ! L'un d'eux, du nom de Laurent Bonnevay, qui tint le glaive et les balances sous Briand, pendant la funeste année 1921, a la fâcheuse habitude de faire des vents. Cela peut arriver à tout le monde. Sachant cela, mon Bonnevay, quand il recevait un haut magistrat, allait lâcher ses gaz mélancoliques dans un tambour de molesquine, que les huissiers surnommaient Éole. Cette manie m'a toujours paru symboliser le métier de grand chancelier de la démocratie.

. Clemenceau a dit que, sans Bouchardon, il n'aurait jamais pu faire ce qu'il avait fait. Je le crois sans peine. Mais il eût pu (en nettoyant avec vigueur sa haute police, demeurée toute encrassée de combisme et de caillautisme, c'est-à-dire de germanophilie) accomplir, avec l'aide de Bouchardon, une œuvre bien plus complète encore. Seulement, en agissant ainsi, il eût coupé les pattes du régime cher à son vieux cœur, et je pense qu'il s'en rendit compte.

16

LES SIX PREMIERS MOIS DU CABINET CLÉMENCEAU.

(17 *Novembre* 1917. — 27 *Mai* 1918.)

L'arrivée au pouvoir de Clemenceau, le 17 novembre 1917, devait faire la preuve éclatante de ce que *l'Action française* répétait depuis deux ans et demi : les armées françaises (bien que commandées par des chefs infiniment supérieurs aux chefs allemands) ne pouvaient vaincre définitivement l'ennemi et libérer le territoire tant que la trahison demeurait maîtresse du pouvoir politique à Paris. Le jour où cette trahison serait réprimée et refoulée, la victoire était certaine. En d'autres termes, la démocratie (qui facilite les prises politiques de l'étranger pendant la paix et de l'ennemi pendant la guerre) devait céder à la dictature, si l'on voulait que la France fût sauvée. Si mitigée qu'elle fût d'un absurde et funeste parlementarisme, la demi-dictature de Clemenceau empêcha notre écrasement, rendit possible notre relèvement militaire, et, grâce à l'appoint américain, amena, en un an moins six jours, l'armistice. Sylla nous eût donné la victoire complète en trois mois, par l'exécution de Caillaux, de Malvy, d'une douzaine de leurs complices et la fermeture du parlement. Le vieux Marius (Clemenceau est malgré tout de formation républicaine) n'osa pas aller si loin. Néanmoins cela suffit pour battre les Teutons et les Cimbres.

Le passé de Clemenceau nous causait, on peut le dire aujourd'hui, quelque appréhension. Clemenceau avait sans doute prononcé le discours du 22 juillet 17 au Sénat. Mais nous connaissions son impulsivité, ses coups de tête et la variabilité de ses humeurs. Il avait fallu toute l'éloquence naturelle, et naturellement persuasive, de Jules Delahaye, pour surmonter la moue que le nom de Clemenceau amenait sur les lèvres de Maurras et de Bainville, quant à cet étonnant bonhomme. On assurait qu'il était résolu à sévir avec vigueur contre les agents de l'Allemagne et à désentraver le haut commandement, que brimaient, en dehors des politiciens de gauche et d'extrême gauche, deux ou trois salons parisiens. Delahaye affirmait qu'il allait boucler Caillaux. D'autres pensaient qu'il fourrerait dedans pêle-mêle les antipatriotes et les royalistes, ce qui eût semblé assez dans sa manière. Néanmoins on n'avait pas le choix et il était, ce quasi octogénaire, la dernière carte à retourner.

Certes, il fallait un rude courage pour prendre le gouvernement dans les conditions où ce vieil homme le prenait. Du haut en bas de l'administration, vingt-sept ans de waldeckisme, de combisme, de caillautisme (et, hélas ! de clemencisme) avaient peuplé les ministères et les grands services publics de gens sans conscience, sans tradition, et souvent sans aveu. Après l'onde de reviviscence de la victoire de la Marne, par qui tout, pendant quelques semaines, s'était miraculeusement transformé, après ce terrible bain de sang et de gloire, l'avachissement au dedans (dû au parlementarisme) avait sans cesse augmenté l'hécatombe, sur les lignes de feu. Le mercantilisme effréné jouissait des mêmes privilèges que la trahison. Le sentiment révolutionnaire était à peu près nul dans la population (même ouvrière), les socialistes parlementaires demeurant assez intimidés en fait (malgré leur truculence de langage) par l'état de siège ; mais l'idéalisme de 1830 et de 1848, survivant dans la cervelle de Clemenceau, risquait de l'incliner tout à coup vers quelque irrémédiable sottise. Par bonheur son patriotisme l'emporta, ainsi que son sang paysan.

Il avait cette supériorité physique sur ses quatre déplorables prédécesseurs qu'il n'avait

pas peur de la mort. Il allait périodiquement la
défier, avec beaucoup d'élégance (car il a des
parties d'aristo), sur le front de bataille, même
comme simple président de la commission de
l'armée au Sénat. En outre, c'est un homme
très sensible (comme tous les bourrus), sensible
à l'héroïsme, aux sentiments naturels, à la
beauté comme elle se présente, voluptueuse ou
morale, mâle ou féminine. Pour tout dire, un
grand vivant, non un empaillé d'académie,
comme un Ribot ou un Painlevé, ni un voyou
comme Briand, pour lequel il professe le plus
profond mépris. Je tiens de témoins oculaires
qu'il pleurait de vraies larmes, avant les grandes
attaques de juillet, qu'il embrassait paternellement les soldats, les serrait sur son cœur, les
gâtait de mille façons, qu'il se serait dépouillé
de tout pour eux. Aussi sa popularité fut-elle
immense et justifiée. Cela, d'emblée. Dans le
contact des hommes, comme dans l'éloquence,
le naturel est la force suprême et Clemenceau
est naturel. Retrouvant après dix ans, notre
admirable et délicieux Maxime Real del Sarte,
qu'il avait fait fourrer en prison, comme président des camelots du roi, le retrouvant amputé
d'un bras et sculptant de belles œuvres, le vieux
Vendéen lui sauta au cou, le tutoya, le prôna,
avec une générosité de cœur magnifique. C'est
le cas de dire, avec Berquin, qu'un bon cœur
fait pardonner bien des étourderies !

On ne peut pas affirmer de Clemenceau qu'il connaît les hommes, car il commet des erreurs formidables. Il a découvert ce brave Loucheur, qui est un type tout à fait léger et inconsistant, que la faveur du maître, alors au faîte de sa puissance, a achevé de tournebouler. On ne peut pas affirmer de Clemenceau qu'il ne connaît pas les hommes, car il a eu comme chef de cabinet et lancé politiquement M. Georges Mandel, qui est une intelligence politique de premier plan. Clemenceau aime les idées, même fausses (je dirais, de préférence fausses, mais cela tient à sa génération et à sa formation matérialiste et romantique évolutive) pourvu qu'elles se présentent vigoureusement. Il a de l'esprit, de la drôlerie à revendre. Il est homme de lettres jusqu'au bout des griffes, quinteux et variable comme tous ses pareils. Sa philosophie du monde et des êtres est à la fois courte et meublée. Avec tout cela, cette Providence, dont les desseins sont insondables, a fait de lui, pendant un an, l'instrument incontestable de notre salut.

Dans les tournants difficiles, en paix comme en guerre (mais surtout en guerre), il importe de placer aux postes de direction des hommes qui aient une réputation d'implacabilité, voire de férocité. Leur légende fait la moitié de leur besogne. Cela suffit déjà à inhiber les mauvais citoyens. Avant que Clemenceau eût commencé à rugir, Caillaux et Malvy faisaient déjà dans leurs pantalons respectifs; et toutes leurs créatures, les voyant en cet état, gâtaient leurs chausses. Le même fait (voir *Sylla et son destin*) s'était produit à Rome quatre-vingts ans environ avant N.-S. Jésus-Christ, dans une phase critique fort analogue à celle de 1917-1918, chez nous, quand Lucius Cornelius avait chaussé la dictature. Mais Lucius Cornelius avait un génie clair et réactionnaire, qui dépassait de beaucoup le génie trouble et romantico-révolutionnaire de Clemenceau. Il savait que l'homme d'action, pour remplir son but, doit d'abord réaliser sa légende. Ainsi proscrivit-il comme on pensait qu'il proscrirait, et attribua-t-il aux combattants les biens des proscrits, conformément à l'espérance des combattants. Lecteur et admirateur de Renan, de Quinet, de Michelet, de Hugo, Clemenceau eût cru qu'il était indigne de lui de procéder de la sorte. Il eût redouté l'accusation de tyrannie, l'exercice de la véritable dictature. Il croyait (même à ce moment-là) que l'autorité est un opprobre (indispensable à certaines heures) mais inférieur, en son essence, à cette pure merveille qu'est la liberté. Alors que l'autorité est quelque chose de beau et de plus beau, — parce que plus difficile, — que le laisser faire.

Grand humain, Clemenceau était-il assez grand humaniste (je veux dire d'un humanisme incorporé aux moelles) pour sacrifier à la réalité politique son bagage hugolâtre, michelétique, renanien? Il lui manquait ce sens classique, que rien ne remplace pour l'action. Il fut sublime dans l'improvisation. Aussi l'histoire sera-t-elle assez embarrassée devant le jugement définitif à porter sur son gouvernement, lequel, comme un supplice célèbre, commença bien et finit mal. Il n'alla pas, dans le bouleversement de son capharnaüm intérieur, dans sa métamorphose soudaine, jusqu'à consulter le seul homme vivant capable de dominer, à la française, la situation européenne et de tirer les fruits de la victoire, jusqu'à appeler le moderne Richelieu. J'ai nommé Charles Maurras.

La superstition démoc-soc est quelque chose de comiquement tenace. C'est pour lui obéir que Clemenceau, appelé en suprême recours et à la dernière minute, conserva un parlement déshonoré, sottement discutailleur, farci de mauvais Français et même de mauvais bougres, qui décuplait les difficultés de tout; un parlement acharné à ces comités secrets, dont le secret, grâce à Turmel et à ses émules, sautait aussitôt les frontières; un parlement où les trembleurs et les paniquards reprenaient le dessus, aussitôt que, sur le front, les alliés fléchissaient et que l'ennemi gagnait du terrain; tellement impopulaire que des gens crachaient en passant devant ses grilles (j'ai été témoin du fait) et que sa fermeture eût soulevé, dans la nation, des transports d'enthousiasme. Chacun étant persuadé, avec raison, qu'il était le principal obstacle à la délivrance de nos dix départements envahis et à la victoire. Quant à la faiblesse foncière de ces cinq cents et quelques aboyeurs et palabreurs, nous avions pu la mesurer exactement, quand nous avions foncé, du dehors, sur les chefs redoutés de la majorité radicale-socialiste, — sur Caillaux et sur Malvy, — sans que cette majorité osât même tenter quoi que ce fût de sérieux contre nous. Quelle bande de chiens !

Pendant un mois environ, les paris furent ouverts, à *l'Action française*, sur la question de savoir si Clemenceau prendrait des mesures contre Caillaux, ou n'en prendrait pas. C'était, en effet, la pierre de touche de son énergie politique. Caillaux, c'était le réduit allemand de Paris et, tant que Caillaux ne serait pas déféré au conseil de guerre, l'Allemagne continuerait à se croire et à se dire maîtresse de la situation, en dépit de sa défaite initiale, vieille déjà de trois années. Mais, d'autre part, Caillaux c'était le bloc de gauche, jadis cimenté par Clemenceau. Caillaux c'était la nouvelle République, la quatrième République, celle des grandes affaires, de la vente du sous-sol normand aux Boches, de Diélette, ce Gibraltar français ; c'étaient la République tout court, l'impôt sur le revenu, le sourire à Berlin, l'anticléricalisme, les loges, la *Dépêche de Toulouse*, l'enseignement laïque et kantien. Les caillautistes et les malvystes se répétaient ces litanies du matin au soir. Enfin, qui donc avait dénoncé Caillaux, pour la première fois, comme un agent boche, au moment de l'assassinat de Calmette, si ce n'est *l'Action française*, « la pire réaction »? Pour se représenter l'esprit des gens de gauche, à ce moment-là, il faut se rappeler le mot de l'ex-député socialiste Rouanet, rédacteur à *l'Humanité*, cité par Marcellin *(Politique et politiciens*, tome II, page 366). Comme on colportait au Palais Bourbon deux nouvelles, également fausses : celle de mon arrestation et celle de la prise d'Oulchy-le-Château, Rouanet s'écria : « Je serais très content de la prise d'Oulchy, mais je préférerais encore, à choisir, que la nouvelle exacte fût l'arrestation de Daudet ! »

Le mardi 11 décembre 1917, le président Deschanel transmettait à la Chambre (sur inculpation du gouverneur militaire de Paris, général Dubail) une demande de levée de l'immunité parlementaire de Joseph Caillaux. Le lundi 14 janvier 1918, Caillaux était arrêté à son domicile, rue Alphonse-de-Neuville. Clemenceau avait coupé les ponts et préféré la patrie à la République. Cependant, comme l'appétit vient en mangeant, on se demanda pourquoi on avait attendu pendant un mois, après la levée d'immunité, pour arrêter Caillaux (c'est-à-dire pour le mettre hors d'état de nuire) et pourquoi Malvy n'était pas arrêté. Car le fait de s'envoyer soi-même en Haute-Cour (quand on ne peut plus faire autrement) ne préjuge pas (et on le vit bien par sa suite) de l innocence d'un inculpé. Pour tardives et incomplètes que fussent ces mesures de salut public, elles n'en soulevèrent pas moins, à l'arrière comme aux armées, une joie active, une satisfaction débordante. Nous étions aux premières loges pour le constater. Paris, la France entière s'accordaient à reconnaître que *l'Action française* avait eu raison et, par une magnifique anticipation, appelaient déjà Clemenceau le Père la Victoire. On s'embrassait dans les tranchées, comme on se félicitait dans les rues. Chacun sentait que, maintenant, les choses allaient marcher rondement, qu'il y aurait encore quelques coups durs, mais que es succès militaires serviraient enfin à quelque chose, alors que jusque-là, depuis Verdun, ils n'avaient servi à rien. Encore Verdun avait-il été un triomphe purement défensif, et cruelle-ment acheté. Je demeure tout à fait convaincu que si, un mois après, justice capitale avait été faite, nous n'aurions pas connu les deux ter-ribles alertes du 21 mars et du 27 mai 1918, et que les gouvernants allemands, comme leurs généraux, eussent commencé illico les démarches en vue de la paix. La lecture des Mémoires allemands (notamment de ceux de Ludendorff) a confirmé en moi cette opinion. Le pivot de la résistance boche, depuis 1915, c'était Caillaux, flanqué de Malvy : « Tant qu'ils sont là (songeait l'ennemi) il demeure pour nous une chance sérieuse. » Qu'on imagine ce qu'avait dû — pour les Allemands — représenter la double disgrâce de ce Nivelle, qui leur avait fait si peur, et de Mangin, dont le nom seul mettait en fuite la garde prusienne !

Les grands raids des gothas sur Paris, en janvier, février et mars 1918 (d'une redoutable efficacité) firent comprendre à tous qu'il n'était que temps d'avoir une volonté patriotique, au lieu de larves et d'un traître, au sommet du gouvernement. Le 12 mars, le ministère de la Guerre fut littéralement criblé par des éclats des torpilles colossales, que ces animaux projetaient sur Paris. Cette même nuit, ma femme était remontée de la cave, où toute la maison était réfugiée (au milieu de bombardements et de contre-bombardements assourdissants) juste à temps pour mettre au monde une ravissante petite fille. Notre cher ami, le docteur Bouffe de Saint-Blaise, était venu chez nous sous les éclatements, et sa voiture avait failli chavirer dans un trou de bombe. Or, le fait que Clemenceau était là, et un peu là (non plus Painlevé, ni Ribot, ni Briand, ni Viviani, ni Malvy), et que Caillaux était à l'ombre, rendait ces épreuves légères. Elles coûtèrent toutefois la vie à de

nombreux imprudents qui, à l'imitation de
Maurras, continuaient à circuler dans Paris, pendant les raids d'avions, en dépit de l'avertissement lugubre des sirènes et des chutes de
bolides enflammés. Rue Bolivar, à la station
du métro, la foule se pressa de telle façon, sous
l'empire de la panique, contre une porte fausse
que celle-ci céda. Elle donnait sur un puisard
de trente mètres de profondeur, où plus de quarante personnes tombèrent pêle-mêle et périrent
écrasées et étouffées.

A cette époque commençait l'instruction de
l'affaire Malvy devant la commission d'instruction de la Haute-Cour. L'atmosphère dramatique
de la guerre impitoyable, à son dernier tournant
(et senti comme tel) convenait au débridement
d'un pareil abcès. Les gens, de nouveau, quit-
taient Paris, ceux du moins qui pouvaient le
faire, et les rues de la rive gauche, menant
au Sénat, étaient à peu près désertes. Le jardin
du Luxembourg était abandonné, silencieux,
sans cris d'enfants, ni chants d'oiseaux. L'aigre
bise de février, accompagnée de tourmentes de
neige, soufflait au nez des rares passants. J'arrivais au Palais Médicis, où dorment les caïmans
grisâtres, dans une vapeur radicalo-anticléricale,
que la transe nationale avait alors légèrement
atténuée. Je traversais l'immense cour, montais
un escalier à gauche, pénétrais dans les salons
splendides, dans la bibliothèque aux plafonds

caissonnés, où rôdaient, toussotants, de squameux vieillards. Presque aussitôt m'apparaissait, à la porte d'un couloir, le visage ambigu et sournois du secrétaire général huguenot Bonet-Maury, flanqué d'un agile et menu bonhomme, que j'appris être le policier chargé de ma surveillance ! Les huissiers m'introduisaient alors dans une pièce où se tenaient assis, autour d'une table ovale, les membres de la commission d'instruction. Au centre, M. Ernest Monis, président, correct, méfiant et subtil. A ma gauche, M. Pérès, rapporteur, petit, rapide, concis, sympathique, — ami intime du pauvre Delcassé, mort récemment, à peu près méconnu, — et donc patriote jusqu'aux moelles et bon juriste. Venaient ensuite MM. Alexandre Bérard, Théodore Girard, de Las Cases, Antony Ratier, Savary, Vale et Vidal de Saint-Urbain. Ce dernier s'est retiré depuis de la politique pour motifs de santé. MM. Antony Ratier et de Las Cases m'ont laissé un fortaimable souvenir, ainsi d'ailleurs que tous leurs collègues. Le péril en commun rapproche jusqu'aux adversaires politiques.

J'avais ma serviette, mes notes, mes dossiers, mes lunettes. Quand je citais un document, je le faisais passer ensuite autour de la table. Il y en avait de scabreux, car Malvy ni Almereyda ne se gênaient guère, on peut m'en croire. Certains rapports donnèrent lieu à des enquêtes qui ne me parurent pas menées comme elles auraient dû l'être, ou, pour parler net, qui furent sabotées. Cette justice de la Haute-Cour comme l'autre, la régulière, va, en République, de bric et de broc.

Un fait me frappait : l'ignorance de ces sénateurs, quelques-uns fort distingués, quant aux dessous de la guerre, espionnage et contre-espionnage, notamment quant à l'interception et à la lecture des radiogrammes ennemis. De Berlin à Madrid, à Stockholm, à Berne et ailleurs, les hauts fonctionnaires allemands, ambassadeurs et ministres, correspondaient entre eux en langage chiffré, et, chez nous, une équipe de déchiffreurs traduisait à mesure cet échange de renseignements précieux. Ainsi fut découverte, notamment, la trahison de Mata Hari (appelée H 21), d'Almereyda (appelé L. B. 137), de Gaston Routier, de Guilbeaux. En trois ans le chiffre allemand ne fut jamais changé, malgré les arrestations opérées à la suite des déchiffrages. Mais ce qui est plus étonnant, c'est que Clemenceau, six mois après son entrée en fonction comme président du Conseil et ministre de la Guerre, ignorait encore certains radios boches, du plus haut intérêt, dont Pujo alla en personne lui donner communication rue Saint-Dominique. Nous avons pu connaître ainsi ce que le gouvernement ne connaissait pas, et cela jusqu'à la fin des hostilités. Il n'y avait aucune liaison entre les services de surveillance, qui continuèrent, même sous Clemenceau, et non sans raison, à tenir en suspicion la préfecture de police et la sûreté générale. Quant aux généralissimes, c'est bien simple, ils ne furent jamais renseignés sur rien, ou ils furent renseignés de travers. Ils ont vaincu à tâtons une Allemagne qui, elle, était au courant de tous nos projets.

Ma déposition, devant les commissaires sénateurs, dura environ une semaine. Sténo-dactylographiée, elle formait un volume de 535 pages grand format. Je désignais, comme témoins, deux cent vingt-deux personnes, civiles et militaires, en même temps que je demandais une douzaine de commissions rogatoires. Un sénateur me fit remarquer, en riant, que cet ensemble outrepassait un peu le délai de quarante-huit heures, qu'à la séance de la Chambre du 4 octobre précédent m'avait octroyé Paul-Prudent Painlevé, pour apporter mes preuves. En général, les députés de la Chambre de 1914 me parurent avoir une assez mauvaise presse au Palais Médicis.

Je crois inutile d'insister sur le déluge d'invectives, d'attaques, de polémiques, de menaces de mort, d'accusations grotesques, que déchaîna (comme l'avaient fait ma lettre au Président Poincaré, puis ma déposition devant le capitaine Bouchardon) ma déposition devant la

Haute-Cour. Les amis et partisans de Caillaux et de Malvy se rendaient compte que cela commençait à sentir mauvais pour les deux traîtres. On n'imagine pas le flot d'insultes ignobles à mon adresse, et à celle des miens, qui coulait de *l'Humanité* de Renaudel, du *Pays* de Dubarry, de *l'Œuvre* de Téry, de *la Vérité* de Paul Meunier, etc., etc. *L'Éclair* de Judet se tenait coi, ce qui me paraissait surprenant; et, vers le milieu de mars, Judet lui-même, pris de panique géante, quitta précipitamment, sans tambour ni trompette, son repaire de la rue de Chézy, à Neuilly, pour aller s'installer en Suisse. Aussitôt connu, ce départ produisit naturellement une vive impression, et les commentaires fâcheux allèrent bon train. Nous pensâmes que Judet (qui a toujours eu une peur bleue de Clemenceau, de Maurras et de moi) s'était imaginé, sur la foi d'un farceur quelconque, que nous avions entre les mains, et que Clemenceau avait, par notre entremise, quelque chose de décisif, le concernant. Cet admirateur éperdu de Guillaume II a toujours été un personnage extrêmement phobique.

L'instruction du procès Caillaux continuait, sous la direction habile du capitaine Bouchardon. On découvrait, dans le coffre-fort d'une banque de Florence, un document, à la fois sinistre et bouffon, intitulé *le Rubicon*, où apparaissait, en lettres de feu, le manque de jugement de l'ancien président du Conseil. Comparable, en plus d'un point, au *Testament d'Almereyda*, ce *Rubicon* était une sorte de schéma des projets de Caillaux, le jour où il serait dictateur. Quelle salade ! Des emplois importants devaient être confiés à Almereyda, à Landau, à Ceccaldi. Nous devions être coffrés illico, bien entendu, Maurras et moi, en compagnie de Clemenceau, de Joffre, de Foch et de quelques autres. Le général Sarrail et le préfet Delanney devenaient le bras militaire et le bras civil de Ton-Jo. Quand cet invraisemblable topo fut connu, la rigolade se fit énorme. Par ailleurs, les audiences du procès de l'agent allemand Bolo (l'aventurier marseillais ami de Caillaux et protecteur du vénal premier président Monier) achevaient d'accabler le mari de la meurtrière de Gaston Calmette. Sur tous les points, la trame de trahison, si patiemment élaborée, se décollait, et laissait voir l'abîme où gisaient deux générations de jeunes Français. Car, c'est cela qu'il ne faut point se lasser de répéter et qu'on ne retrouvera point dans les récits officiels, ou académiques, de la guerre européenne : le meilleur du jeune sang français a payé les erreurs et les crimes d'un régime contraire au sens commun, qui avait démantelé la patrie et porté Caillaux et Malvy au pinacle. En dépit du pieux mensonge de Clemenceau, qui n'a pas voulu renier sa jeunesse, les institutions républicaines sont sorties déshonorées de ces séances de conseil de guerre et de Haute-Cour. Qu'on en fût réduit, sous les bombes et les torpilles allemandes, à ergoter sur la question de savoir si Caillaux et Malvy avaient trahi (selon le mot de Maurras) à la façon de Judas, ou à la façon de Bazaine, voilà ce qui mortifiait les vieux républicains et les rendait modestes et méditatifs devant l'accusateur royaliste.

Quelques heures après la naissance de notre petite fille, par une matinée claire et tempérée, annonçant le premier printemps, un épouvantable fracas déchira l'air, en même temps qu'une colonne de fumée pourpre, aux volutes jaunes, montait sur Paris, à la façon d'un géant irrité. C'était le dépôt de grenades de La Courneuve qui sautait, tuant ou estropiant une trentaine d'ouvriers, ou de garde-magasins. Dans la première minute, on ne sut pas ce qui s'était passé, et les bruits les plus extravagants circulèrent. Je trouvais et la garde trouvait que de semblables alertes n'étaient pas précisément indiquées pour une jeune accouchée, après tant de bombardements préalables. Mais la jeune accouchée déclara qu'elle entendait demeurer dans sa chère capitale et aux premières loges, avec son nourrisson, tant que la situation demeurait possible. Le procureur du roi s'inclina.

Hélas, huit jours plus tard, le samedi 23 mars

la situation devenait carrément intenable, dans les circonstances que voici : il faisait beau, le ciel était bleu et pur, quand tout à coup un éclatement bizarre et de style nouveau (mon oreille musicale ne pouvait s'y tromper) déchaîna le hululement des sirènes, annonçant les raids de gothas. Aidé du concierge, je fais descendre femme et enfants (10 jours, 3 ans et 9 ans) à la cave. Deux heures se passent. Dans les cours et dans les rues quelques personnes regardent en l'air, écoutent les bruits de l'espace : rien, aucun avion ennemi sur le ciel, où chassent les aviateurs français, étonnés et inquiets comme ceux d'en bas. On remonte de la cave. On se met à table. Panggg... Un coup de gong, aussi net que le précédent, fait tressauter les jeunes déjeuneurs. On guette à la fenêtre. Les gens courent et se renseignent sans savoir. Mais, pour le coup, le père de famille en a assez et déclare que la smalah va partir, sans traîner, pour un domaine de Normandie, où des amis sûrs offrent une hospitalité sans bombardements. Car la cave. s'il s'agit de jeunes enfants, s'appelle aussi bronchopneumonie, et de nombreux petits Parisiens moururent d'être traités comme des bouteilles, pendant ces jours sans miséricorde.

Mon jeune monde une fois expédié, — quelle impression de soulagement ! — je me rendis au journal, rue de Rome, où m'attendaient deux mauvaises nouvelles : la première, c'était que le bombardement du jour était effectué, de cent vingt kilomètres de distance, par une pièce allemande à très longue portée; la seconde, beaucoup plus grave, était qu'une attaque de Ludendorff, poussée brusquement sur la Somme, dans la région de Montdidier, avait mis en déroute, l'avant-veille, la cinquième armée anglaise du général Gough, percé le front, et menaçait à la fois Amiens et Paris.

Après bien des tâtonnements et des illusions successivement déçues, le grand état-major prussien (seigneur véritable de la guerre, depuis l'abdication morale de Guillaume II, après la Marne, et du kronprinz (ou prince kron) après Verdun) avait, grâce à la révolution russe, pu confier le sort de l'empire à Hindenbourg et à Ludendorff. On les appelait : les Dioscures. Le premier, de style bismarckien pour le patriotisme ardent et la carrure, subissait le second, représenté comme une forte tête et un organisateur de premier ordre. C'est le moment de noter ici la pauvreté de cette génération allemande, — partie pour la conquête du monde, — en soldats prévoyants et de grand style. Von Kluck, sur qui furent fondées tant d'espérances, apparaît, à travers ses mémoires, comme un personnage d'une grande légèreté. Le neveu de Moltke fut au-dessous de tout, ne sachant que se lamenter et pleurer après la défaite de septembre 1914. Falkenhayn mena l'affaire de Verdun avec une « furor teutonicus » dépourvue de pondération et de calcul, et vint se briser contre Pétain, comme von Kluck et von Moltke étaient venus se briser contre Joffre. Enfin l'amiral Tirpitz, suprême espoir et suprême pensée, méconnut la puissance américaine et l'entêtement anglo-saxon, au point de commander ces torpillages en masse et sans distinction de belligérants ni de neutres, de marine de guerre ni de marine de commerce, d'hommes ni de femmes et d'enfants, torpillages qui amenèrent l'Oncle Sam à entrer furieusement dans la guerre. Les Prussiens sont des effrénés, et quand ils n'ont pas, à la direction de leurs affaires, un frein comme Hardenberg, Stein ou Bismarck, ils commettent les irréparables gaffes des effrénés, d'accord avec tous les États allemands soumis à leur loi.

Ludendorff allait se briser contre Foch — génie militaire d'autre forme que Joffre, égal, dans sa sphère et dans sa conception, à Joffre, encaisseur comme Joffre et qui avait été, à la seconde Marne, ce que Joffre avait été à la première : un maître de maîtres. C'est précisément à l'occasion de la percée allemande du 21 mars que Clemenceau décida les Anglais, humiliés et consternés, dans la petite mairie de Doullens, à accepter Foch comme généralissime de tous les alliés. Le chef américain, général

Pershing, se rangea d'enthousiasme à cette motion. Il ne disposait encore que d'une petite armée; mais d'immenses renforts arrivaient heureusement à la rescousse. C'était, en somme, une question de vitesse. Il fallait tenir, coûte que coûte. Pour que l'on tînt sur le front, il fallait un arrière solide. Sans Clemenceau, l'arrière s'en serait allé en bouillie (avec un Briand, un Viviani, un Painlevé, un Ribot quelconque) et Caillaux, au 21 mars 1918, eût présidé à une paix allemande, — « une forte paix allemande », disait Hindenburg, — qui eût marqué la fin du nom français. Dans cette heure noire, sous ce ciel rouge, Clemenceau, sur le plan politique, fut l'égal de Joffre, de Pétain et de Foch. Le vieux Marius devint presque digne de Sylla, unifiant le commandement des armées d'Asie, malgré la rivalité des généraux romains. Aussi fut-il compris immédiatement. Devant la percée du front, malgré l'avance allemande, l'effondrement de Gough, la menace sur leur ville, les Parisiens exultèrent de joie et de confiance quand ils apprirent l'unification du commandement, sous la direction de Foch. De même, ils avaient exulté de joie, en fin d'août 1914, devant la décision et la proclamation de Gallieni. Quel chic peuple, et digne de son histoire !

L'idée de Ludendorff, de creuser des poches, par surprise et choc brusque, dans le front ennemi, puis de les rejoindre, et d'arriver ainsi au bombardement direct de Paris, était théoriquement bonne. C'était bien une idée de chirurgien allemand, qui risque le tout pour le tout. Or Barrès (tant blagué à l'époque, et à ce sujet, par les proallemands de chez nous) avait raison, quand il disait et répétait, dans *l'Écho de Paris*, que l'Allemagne en avait assez de la guerre. On sut plus tard que Ludendorff ne trouvait de troupes de choc que par des prélèvements hardis et répétés, qui appauvrissaient, en combattants réels, les troupes d'exploitation de ses vains succès. Ses avances étaient des trompe-l'œil. Ce qui permettait à Foch de déclarer laconiquement (mais quel réconfort national !) qu'il ne changerait pas son jeu contre celui de son redoutable adversaire. En quelques jours, le trou qui ouvrait la route de Paris fut bouché, comme celui qui ouvrait la route d'Amiens et la jonction anglo-française. Le commandement français se surpassa et répara la courte défaillance du commandement anglais. J'ajoute qu'aucune mauvaise humeur ne se manifesta dans la population contre nos amis et alliés, bien que le détail de la terrible anicroche eût transpiré rapidement. Les gens disaient : « C'est une brèche et voilà tout. Mais le Père la Victoire arrangera ça. Il a bien arrêté Caillaux ! » Que de fois ai-je entendu ces propos, entre le 21 mars et le 15 avril 1918 !

Néanmoins, dans les milieux politiques et même au cabinet de Clemenceau, l'alerte fut vive, pendant cinq ou six jours. On envisagea l'évacuation de Paris, le transfert des journaux de Paris en province. Le Vieux disait : « Je me battrai devant Paris, dans Paris, et derrière Paris. » Ces rudes et fières paroles versaient, comme dit Baudelaire, l'héroïsme au cœur des citadins. Il ajoutait qu'il quitterait Paris le dernier, en avion, avec Ignace, sous-secrétaire d'État à la Justice Militaire et qui est, lui aussi, un bien brave homme et un homme bien brave. Nous nous étions connus dans notre jeunesse, Ignace et moi, quand il était secrétaire de Lockroy. Connus ! Je veux dire : méconnus. Les malheurs du pays devaient nous rapprocher, en dépit des divergences politiques. Ainsi va le monde, et heureusement. Le discernement des hommes ne vient que tard. Comme disait mon père : « On est cornichon quand on est jeune. »

De loin, cette fascination exercée par la ville de Paris sur les généraux allemands et qui, en septembre 1914, mars 18 et mai 18, leur coûta si cher, à trois reprises différentes, apparaîtra comme un phénomène surprenant. Il n'est pas extraordinaire que les Allemands, notamment les Berlinois, n'y aient rien compris. Il leur semblait que Ludendorff n'avait plus qu'à étendre la main, que c'était fait. Ah bien ouiche ! Au bout d'une semaine, le mirage s'effaçait, l'élan boche s'affaissait, et tout était à recommencer. La déconvenue des envahisseurs devenait alors proportionnelle à la confiance des envahis. C'est pourquoi la part du moral civil à la guerre est si importante. On se moquait des parlementaires comme le pauvre Mayéras, qui voulait réglementer les représailles d'avions par un accord international. Drôle d'idée, entre parenthèses ! On chansonnait un bolchevisant chevelu, du nom de Rappoport, qui avait tenu des propos défaitistes dans sa cave, et était poursuivi de ce fait. On l'appelait, bien entendu, le rat Poport, etc. Puis au refrain : « Clemenceau et Foch les auront. On les aura. Nous les aurons, etc... » Jamais, même à l'époque de Verdun, le verbe « avoir » n'a eu une signification aussi pleine et guerrière que pendant cette période pathétique du printemps 18.

C'est à cette occasion que l'avion de bombardement employé, par un système rotatif des plus ingénieux, contre les formations ennemies en marche, montra ce qu'il savait et pouvait faire. Du haut des oiseaux mécaniques anglais et français, il pleuvait, sur les troupes et convois boches, des tonnes et des tonnes d'explosifs, cela pendant des heures et des heures. Nos aviateurs descendaient à cinquante mètres du sol, et tiraient en rafale sur les cancrelas gris, les inondaient de torpilles de tout calibre. Ainsi s'écroulait cette opinion poncive, d'après laquelle l'avion, œil de l'armée, ne pouvait participer directement à la bataille. En dépit de Mayéras et de ses camarades socialistes, on ne ménageait pas les villes allemandes de la ligne du Rhin, qui en arrivaient, à redouter et à maudire le bombardement de Paris et de Londres, à cause des fatales représailles. Ici encore un Ribot et un Briand seraient intervenus, pour interdire ce juste talion, que Clemenceau, au contraire, encourageait. Vis-à-vis d'un ennemi féroce, la férocité est de rigueur, d'autant plus que, quoi qu'on fasse, il vous accusera de férocité. La guerre a montré la duperie des accords entre belligérants et des ménagements, quand on a affaire à la mauvaise foi germanique.

Tandis que Ludendorff creusait sa poche (et aussi et surtout la fosse de ses régiments) les gothas et le canon à longue portée, — ou ce qu'on croyait être un canon à longue portée, — ne demeuraient pas inactifs. Les Parisiens s'étaient habitués à ces alertes perpétuelles, de jour et de nuit, et allaient à leurs occupations, comme en temps normal. Toutes les quarante minutes environ, quelquefois toutes les vingt minutes, du 23 mars au 9 août 1918, on entendait l'éclatement sec de ce qu'on appelait la bertha, du nom de Bertha Krupp, femme ou fille du prétendu inventeur de ce prétendu chef-d'œuvre de tir. Les points de chute devaient demeurer cachés à la population (j'ignore pour quelle

raison) mais, en fait, ils étaient connus des
journaux et répartis bizarrement selon deux
directions : l'une du bois de Vincennes au bois
de Boulogne, et jusqu'à Meudon. L'autre de la
gare de l'Est à Malakoff et à Fontenay-aux-
Roses. Les dégâts et les accidents de personnes
variaient notamment, avec les endroits « où ça
tombait ». Quelquefois aucun résultat. Quelquefois une véritable catastrophe.

C'est ainsi que le vendredi saint, sur le coup
de trois heures après midi une « bertha » tomba
sur l'église Saint-Gervais, — pendant l'office
de Ténèbres et les chœurs des Petits Chanteurs
à la Croix de Bois, — une partie de la voûte
s'écroula et quatre-vingts personnes environ,
parmi lesquelles des femmes et des enfants,
furent abominablement écrasées. On s'est demandé, depuis lors, si l'église n'était pas visée
précisément à cette heure-là. On se l'est demandé
d'autant plus que le surlendemain, jour de
Pâques, une autre « bertha » tomba rue Michelet, à quelques trois cents mètres de Saint-
Sulpice, pendant l'office du matin. Sans compter
le ministère de la Guerre, qui fut « encadré », et
finalement touché, par les projectiles du prodigieux canon, indépendamment des chutes de
torpilles et de gothas. Mais il n'est pas vraisemblable, quels que soient les perfectionne-
ments des instruments de l'optique allemande
(Zeiss et Cie) qu'à cent vingt kilomètres de dis-

tance on puisse préciser des objectifs déterminés
de tir et pointer exactement dessus. Ajoutons
qu'à l'armistice, ni dans la région de Fère-en-
Tardenois, ni ailleurs, on n'a retrouvé aucune
trace du prétendu canon, ni des prétendus
canons à longue portée. Les épis, repérés et
dénichés, correspondaient à des pièces d'artillerie
lourde courantes. C'est ce qui a donné naissance
à une autre explication (ou peut-être à une autre
légende) d'après laquelle lesdits canons étaient
simplement des canons ordinaires, mais *muets au
départ*, habilement dissimulés en deux points de
la grande banlieue parisienne et tirant dans deux
directions. Il ne faut pas oublier que le camou-
flage de l'invention est un article allemand ; qu'à
l'époque dont je parle l'ennemi cherchait un
effet de terreur, et que le mystère ajoute à la
terreur ; que l'empereur (sorti de son cabanon
de demi-gâteux, à ce moment-là, tout exprès)
félicita ostentatoirement la maison Krupp ;
enfin que le nombre des coups tirés n'augmenta
pas du 23 mars au 9 août 1918 ; alors qu'on ne
voit pas bien ce qui eût empêché la maison
Krupp de construire en série ces canons phénomènes. La vérité là-dessus sera connue dans
la vallée de Josaphat.

J'ai rendu justice à Clemenceau, quant au
désentravement du commandement militaire et
à la réparation du tort fait au général Mangin.
Mais je lui rendrai aussi justice quant à la

haute police intérieure civile, en ajoutant qu'il
ne fit rien pour la réformer. Elle demeura ce
qu'elle était au temps de l'agent allemand
Malvy, avec cette seule différence que le préfet
de police fut un patriote et un homme parfaitement honnête et zélé, M. Raux. Ses qualités lui
valurent la haine de Briand, qui le déplaça
en 1921, pour le remplacer par un soliveau.
Ceci explique qu'aucune recherche sérieuse ne
fut entreprise, quant à l'hypothèse que je viens
d'exposer.

Pendant le mois d'avril 1918, les Allemands
poussèrent dans les Flandres une vigoureuse
attaque, à laquelle les Anglais résistèrent de
leur mieux. La transfusion du sang américain
continuait, avec une précision méthodique. Un
immense va-et-vient de transports militaires,
accompagné et protégé par des torpilleurs,
contre-torpilleurs, sous-marins anglais et amé-
ricains, débarquait à Saint-Nazaire et dans la
région, par dizaines de milliers (à raison de trois
cent mille hommes par mois) cette nouvelle
croisade du drapeau étoilé. L'état-major français dirigeait aussitôt ces soldats, rapidement
instruits, mais pleins de bonne volonté et de
courage, vers les arrières de la ligne de feu, où
ils constituaient des renforts de plus en plus
nombreux, de plus en plus utilisables, de mieux
en mieux exercés au combat moderne. L'effet
moral de cet « auxiliaire puissant » et magnifique

fut encore supérieur à l'effet matériel. La politique et la diplomatie allemandes avaient abouti à ce résultat remarquable d'ameuter la conscience universelle et de mettre en mouvement le colosse américain ! Bismarck pouvait se retourner dans sa tombe. La presse boche continuait à affirmer, avec un aveuglement de brute, que cela n'avait aucune importance et que l'aide américaine (dont elle ne pouvait plus nier la réalité) ne serait pas efficace. En fait, cette aide mettait aux mains de Foch cela seul qui manquait à ce grand homme : une réserve, quasi inépuisable, de combattants.

La première quinzaine de mai, conformément à la loi du synchronisme, fut occupée par le procès en conseil de guerre du *Bonnet rouge*, qui aboutit à la condamnation à mort de Duval, au bagne de Landau, Goldsky et Marion, à la prison, sans sursis, de Leymarie, directeur de la sûreté générale. Les magistrats imbéciles, qui nous avaient outrageusement condamnés « pour diffamation » au cours de nos procès avec ce lot de bandits et de traîtres, reçurent ce phénoménal soufflet sans broncher. Duval mourut avec une indifférence complète, répétant : « C'est très bien... ça va bien... c'est parfait... rien de mieux... » à chacune des formalités, cependant désagréables, précédant le poteau. C'était un des bizarres produits de l'humaine nature, ce Duval. Il n'aimait pas l'argent, il vivait chiche-

ment; il trahissait, en somme, pour le plaisir
de trahir, par perversité, et il ne manquait pas
de vanité littéraire; car il déclara, quelques
jours avant son exécution, le pauvre lapin,
que le nom de *Mondor* (son pseudonyme)
« vivrait dans la mémoire des hommes ». Il faudrait pour cela que Caillaux, devenu dictateur,
avec Malvy comme sous-dictateur, réunît en
un volume les articles de « monsieur Badin », et
en imposât la lecture à tous les enfants de la
laïque. Quelles que soient les perspectives du
régime républicain, avant la rapide crevaison
que nous lui souhaitons tous, celle-ci n'est pas
à envisager. Mais les deux ans de prison sans
sursis de Leymarie (qui n'avait fait, en somme,
que suivre l'exemple et exécuter les ordres de
son infâme patron Malvy) mettaient Malvy en
fâcheuse posture. Aussi les journaux révolutionnaires et proallemands de Paris poussèrent-
ils des grognements de porcs en délire, quand
fut connue la sentence du conseil de guerre,
rendue à l'unanimité.

Cette sentence est du mercredi 15 mai 1918.
Le lundi 27 mai suivant eut lieu la dramatique
attaque en surprise du chemin des Dames, non
prévue par le commandement français, alors
que le commandement allemand avait connu,
dans ses détails, le plan de l'attaque des Alliés,
au même point, en avril 1917. La raison en est
simple : en avril 1917, la France était trahie au

sommet de l'État. Les effets de cette trahison continuaient à se faire sentir un an plus tard, au moment même où commençait le châtiment (infiniment trop doux) de la dite trahison. Le secret allemand était bien gardé. Le secret des Alliés ne l'était pas.

Chapitre X

PROCÈS MALVY ET SECONDE VICTOIRE DE LA MARNE (JUILLET 1918).

La malheureuse surprise du chemin des Dames, au 27 mai 1918, et la nouvelle ruée allemande, et poche Ludendorff, qui suivirent (Aisne, puis Marne et Château-Thierry) ramenèrent, en coup de foudre, la menace sur Paris du 21 mars. Déjà les parlementaires de gauche et d'extrême gauche réclamaient la tête de Foch, que Clemenceau eut la sagesse de défendre mordicus, et il y eut là deux semaines d'angoisse patriotique infiniment douloureuses. D'autant plus que l'aviation alliée, qui avait joué un rôle si important dans l'alerte précédente, n'en joua presque aucun cette fois-ci. Il semblait extraordinaire (et il n'était pas extraordinaire, pour les raisons indiquées précédemment) que les Allemands pussent ainsi nous tomber dessus à l'improviste. Un de leurs généraux, von Bœhme, s'était spécialisé dans la préparation minutieuse de ces attaques soudaines, en un point inattendu, qui avaient au moins le mérite de rendre audace et virulence à tous les ferments de trahison dont nous demeurions infestés. La rapide dégringolade des Boches sur l'Aisne, la Vesle, la Marne, la prise des ambulances, des camps d'aviation, de toutes les positions d'arrière, eussent certainement jeté la panique, sous tout autre ministère. J'entendis, dans un tramway, proféré par une femme d'ailleurs intelligente et d'esprit vif, ce naïf propos, sublime en la circonstance : « Mais vous ne voyez donc pas qu'avec ce recul, Clemenceau les attire dans un guet-apens ! » Tous les assistants furent d'avis, en effet que la chose était voulue, concertée, organisée, et qu'on s'en rendrait compte avant peu.

Le 11 juin, grande date de la guerre (bien que le public ne l'eût pas discernée immédiatement), Mangin (toujours lui !), dans la région de Méry-Courcelles-Saint-Maur, portait, sur le flanc droit et la préparation d'attaque ennemie, une botte décisive. Décisive en ceci qu'elle marqua la fin des succès allemands, à peu près de la même façon que l'attaque de flanc de Maunoury, le 5 septembre 1914, avait inauguré le redressement de la Marne. A quatre ans moins deux mois de distance, l'histoire allait se répéter. Ludendorff, qui a pour ses poches la prédilection bien compréhensible d'un père pour

ses enfants mal venus, place le tournant final
de la guerre au 8 août suivant, surlendemain
de la condamnation de Malvy. C'est possible...
Mais le premier son de cloche du tournant final
est, à mon avis, le 11 juin. Je pense même que
le communiqué officiel de cette affaire aurait pu
être rédigé de façon un peu plus flambante qu'il
ne le fut. Il y a des cas où la modestie est un
manque à gagner. Aussi, écrivais-je dans notre
journal, dès le 14 juin, ces lignes qui me firent
traiter de bourreur de crâne par toute la tourbe
de Caillaux, mais qui n'étaient pas inexactes :

Par le joyeux retentissement qu'a eu dans le pays
le succès de notre contre-attaque du 11 juin sur le
front Montdidier-Saint-Maur, on présume ce que
serait l'enthousiasme le jour où une contre-offensive généralisée, sinon générale, permettrait le déga-
gement complet de Paris et le refoulement de l'ennemi. Cette heure sonnera. Elle ne peut pas ne pas
sonner. Elle est dans les possibilités militaires et
dans l'attente de la population. Je l'ai dit ici bien
souvent, je le répète encore aujourd'hui : parmi
cette atmosphère de confiance qui nous garantit le
succès, quelque chose d'aussi grand et d'aussi heureux que la victoire de la Marne, bien que sous une
forme vraisemblablement différente, est en germe
et en puissance dans les heures dures que nous
traversons.

Il fallut attendre, pendant quarante jours, la
réalisation de ce pronostic, tiré de l'examen
attentif des faits et des états d'esprit. C'est à

cette époque que je reçus, de Suisse, une lettre, comparable en importance à celle qui avait déterminé la saisie du chèque Duval, un an auparavant. Également anonyme, cette lettre disait en substance : « Les Allemands sont à bout. Ils jouent leur dernière carte et avec la certitude de perdre la partie. La condamnation, même légère, de « votre ami Malvy » leur porterait le coup décisif. »

En même temps que cette lettre (par une coïncidence amusante) me parvenait une assignation impatiemment attendue :

Cour de Justice.

Assignation à témoin.

L'an mil neuf cent dix-huit, le huit juillet.

A la requête de M. le Procureur général près la Cour de Justice lequel fait élection de domicile en son parquet, sis à Paris, au Palais du Luxembourg, rue de Vaugirard, nº 15.

J'ai, Bernard Streletski, huissier près le tribunal civil de la Seine, séant à Paris, y demeurant, 18, rue Montmartre, soussigné,

Donné assignation à M. Daudet, demeurant à Paris,

En son domicile, parlant ainsi qu'il est dit en l'original,

A comparaître en personne, le seize juillet mil neuf cent dix huit à treize heures, à l'audience de la Cour de Justice séant au Palais du Luxembourg, 15, rue de Vaugirard, à Paris,

Pour, après serment prêté, y faire sa déposition dans les formes prescrites par la loi, sur les faits dont il lui sera donné connaissance, et se référant à l'acte d'accusation dressé contre M. Malvy, ancien ministre de l'Intérieur.

Déclarant au susnommé qu'il sera indemnisé s'il le requiert et aussi faute par lui de comparaître aux jour et heure indiqués il sera condamné à l'amende et aux frais qu'occasionneraient sa négligence et son refus d'obéir, et qu'il sera amené par la force publique, pour être entendu, conformément aux articles 80, 354 et 355 du Code d'instruction criminelle.

Je lui ai, en parlant comme dessus, laissé cette copie, sous enveloppe fermée portant suscription et cachet, conformément à la loi.

Coût : soixante-quinze centimes.

STRELETSKI.

Les feuilles allemandes ou proallemandes de Paris (notamment *la Vérité* de l'agent boche Paul Meunier) affirmaient que je n'oserais pas déposer, que je n'avais d'ailleurs rien à dire, que je prendrais la fuite, etc... Or, je ne m'étais jamais senti si dispos, ni si maître de moi, qu'en arrivant au Palais du Luxembourg, le 16 juillet, à treize heures tapantes, comme m'en priait si aimablement M. Streletski. Profondément convaincu du synchronisme constant de la guerre, j'attendais, pour l'heure de ma déposition (que je présumais décisive), l'annonce d'une grande victoire dans la bataille en cours depuis l'avant-veille, 14 juillet. J'étais dans cet état second où toutes difficultés s'aplanissent, où toute gêne intellectuelle, morale et physique disparaît, où il semble qu'un ancêtre bien doué, qu'une série d'ancêtres bien doués, prennent pour eux la tâche qui nous incombe, et l'accomplissent, comme en rêve, sans nous demander nul effort. Cet état second m'est apparu dans toutes les circonstances graves de ma vie : au chevet des miens, malades ou opérés; au cours de mes nombreux duels; dans les accidents; à certains tournants de la vie publique; il m'a versé une bienfaisante anesthésie. Deux de me livres : *le Voyage de Shakespeare* et *Sylla et son destin* (l'un et l'autre semi-historiques) ont été conçus et écrits, dans cet état bizarre, en deux mois chacun, avec une remarquable facilité. On parle couramment du « mieux de la mort ». Il y a aussi un « mieux de la vie ».

Dans le grand salon du Sénat, majestueux, princier, éblouissant de dorures et de tapisseries, attendaient, musardaient, jacassaient, fumaient, tous les témoins, civils et militaires, du procès Malvy. Je me trouvais serré dans un coin entre Viviani, Ribot, Briand et Albert Thomas. Le premier, semblable à un porteur d'eau endimanché; le second, à une longue cédille coiffée de cheveux blancs, la tête penchée vers les genoux; le troisième, à ce paquet de cheveux, d'épidermes et de dents, qu'on appelle un kyste

dermoïde; le quatrième, à un putois ébouriffé.
Ma présence gênait visiblement ces quatre oli-
brius, auxquels je ne pouvais décemment repro-
cher de n'avoir pas pour moi une grande affection. Briand (le seul des quatre qui eût le sens
du comique) s'amusait de la rencontre, qui
paraît lui plaire beaucoup moins depuis que je
suis son collègue à la Chambre. L'appel une fois
« faite » (comme on dit au régiment), on nous
renvoya au lendemain.

Je ne devais déposer que le vendredi après
midi, et je passai ainsi, dans la salle des témoins,
heureusement très spacieuse, deux jours de
suite en compagnie de Paul-Prudent Painlevé,
de notre vieil adversaire Paul-Prudent Painlevé,
que j'ai certes copieusement blagué, et même
engueulé, à pied, à cheval, et en vélocipède
depuis le mois d'avril 1917, et auquel je n'en
veux nullement. On le sent non en état second,
lui, mais parfaitement inconscient, et comme
atteint de ce que l'on appelait, au temps de
Charcot, l'automatisme ambulatoire. Seulement, c'est un automatisme radical-socialiste
et gaffeur. Avec sa chevelure abondante, ses
yeux étonnés et courroucés, ses petites gui-
bolles tricotantes et ses mains croisées derrière
le dos, ce mathématico-politicien avait l'air
d'une sorte de chien basset (un basset phénomène bien entendu, comme les chevaux cal-
culateurs d'Eberfeld) purgé, puis enfermé. A

chaque instant il demandait aux huissiers où
ça en était et si son tour allait bientôt arriver,
comme il eût demandé la clé des cabinets. Les
huissiers répondaient évasivement. De demi-
heure en demi-heure, passait un sénateur-juge
parlant bas à un autre, tel un crocodile confi-
dentiel, et jetant un coup d'œil méfiant sur
l'ancien président du Conseil, lequel aussitôt
soufflait dans son nez. C'est peut-être un signe
maçonnique. Il vint aussi un officier supérieur,
qui s'était trompé de porte et parut estomaqué
de rencontrer là son ex-ministre de la Guerre,
ce qui, cependant, n'avait rien de si extraordinaire : « Bonjour, mon cher ami, » lui dit Paul-
Prudent avec effusion. Le « cher ami » tendit
une main molle, négligente, et tourna le dos.
Le bruit nasal de Painlevé s'accentua.

C'est le vendredi 19 juillet, vers trois heures
après midi, par un temps superbe, — un voile
bleu et or tendu dans les abîmes célestes, —
qu'arriva, sous forme de rumeur, confuse d'abord
puis précisée, ainsi que dans le drame antique,
la nouvelle de la victoire escomptée. Le nom
de Mangin y était associé (comme toujours),
et je n'oublierai jamais la bobine de ce Paul-
Prudent de Painlevé, quand un employé du
Sénat entra en coup de vent et s'écria : « Mangin
a pris vingt mille prisonniers et cent canons.
C'est officiel ! » Du coup, le basset n'en revenait
pas. Sur l'ordre des deux salons parisiens

inféodés à Guillaume II et au radicalo-socia-
lisme (que l'on croyait à l'époque triomphant) il
avait mis en disgrâce précisément le lieutenant
de Foch qui ouvrait, avec Gouraud, le triomphal
chemin de la victoire. Ainsi un reste d'indignation, devant ce toutou d'Institut, se mêlait à
ma joie immense et double : de patriote d'abord,
puis de clinicien qui voit son diagnostic jus-
tifié; la concordance du procès de Malvy-alle-
mand et de la seconde victoire de la Marne
avait la valeur d'un signe dans le ciel. L'Allemagne, cette fois, était perdue.

Dans cet exposé des dessous de l'hécatombe,
je n'ai pas abusé, ni même usé des communiqués. Il faut pourtant que je reproduise ici,
à titre de document à l'appui, le double communiqué du samedi 20 juillet 1918. C'est un
portique terrible et majestueux, au-dessous
duquel on aperçoit, hydre vaincue et foulée,
une trahison (la plus longue, la plus cynique
et la plus complète de l'histoire), et qui avait
duré trois ans.

(Officiel).

19 *juillet, 2 heures du soir.*

Entre Aisne et Marne, nos troupes surmontant la
résistance de l'ennemi qui a amené de nouvelles
réserves, ont réalisé hier en fin de journée une avance
sensible et accru le chiffre de leurs prisonniers.
La bataille se poursuit avec acharnement.

Sur tout le front à l'ouest de Reims, nos troupes ont mené hier de vives attaques. Au sud de la Marne, nous avons repris Montvoisin et rejeté l'ennemi aux lisières est d'Œuilly.

Au nord de la rivière, nous avons réalisé des progrès dans le bois du Roi ainsi que dans le bois de Courton, entre la Poterne et Pouroy, et porté nos lignes à un kilomètre à l'ouest.

Plus au nord les Italiens ont enlevé le Moulin de l'Ardre et conquis du terrain dans la région de Bouilly.

Au cours de ces actions, nous avons capturé quatre canons et trente mitrailleuses et fait quatre cents prisonniers.

Entre Montdidier et Noyon, ainsi qu'en Woewre, des coups de main sur les lignes ennemies nous ont permis de ramener une centaine de prisonniers.

Onze heures du soir.

La bataille commencée hier, entre l'Aisne et la Marne, a continué toute la journée avec une extrême violence. L'ennemi, réagissant sur toute la ligne avec des réserves importantes, a tenté d'arrêter notre progression. En dépit de ses efforts, nous avons poursuivi notre avance sur la plus grande partie du front. A gauche, nous nous sommes maintenus sur les plateaux au sud-ouest de Soissons et dans la région de Chaudun.

Au centre, nous avons dépassé de trois kilomètres en certains points la ligne Vaux-Castille-Villers-Helon-Noroy-sur-Ourcq.

A droite, nos troupes ont conquis de haute lutte le plateau au nord-ouest de Monnes, la hauteur au nord de Bourchamps et progressé au delà de Torcy.

Le chiffre des prisonniers actuellement dénombrés dépasse dix-sept mille, dont deux colonels avec leur état-major. Nous avons pris plus de trois cent soixante canons, dont une batterie de 210.

« Monsieur Daudet, me dit l'huissier, c'est maintenant votre tour. »

Quand le taureau entre dans l'arène, il a l'air de chercher en vain des visages connus. En entrant dans la salle des séances du Sénat, aménagée en tribunal pour la circonstance, et m'avançant d'une allure beaucoup plus calme que celle du taureau, je vis d'abord et dans l'ordre : mon ancien condisciple de Louis-le-Grand, Couyba, puis Lintilhac (avec qui j'avais soupé jadis, en compagnie de Schwob et de Mendès), puis le président Antonin Dubost et son tic d'ouvrir et de fermer la bouche comme une boîte, puis Malvy, l'accusé Malvy. Ce cher vieux Couyba me rappelait le lycée Louis-le-Grand, nos balades autour de la première cour, en compagnie de Jean Coquelin, de Desternes et de Syveton. Lintilhac me rappelait Marcel Schowb, que j'ai aimé et admiré. Dubost ne me rappelait rien du tout. Malvy, à ma vue, se congestionna en noir d'Érèbe, comme si on l'eût injecté d'encre par les carotides. Je ne m'attendais certes pas à lui faire un effet rafraîchissant, ni délicieux... mais tout de même ! C'était la première fois que nous nous apercevions. Il eût pu être plus gentil.

Ce mauvais garçon m'en voulait à un tel point que, trois quarts d'heure après environ, alors que je commençais à parler du *Bonnet rouge*, il ne put en supporter davantage et demanda, comme au collège, la permission de sortir. Je n'en continuai pas moins mon exposé (toujours en état second) et prenant peu à peu connaissance des juges, notamment du procureur Mérillon, et de l'assistance où trônait, énorme et sinistre, un doigt dans le nez, Gustave Téry. Mon réquisitoire, car c'en était un, a été publié un peu partout *in extenso* et je n'y reviens pas. Il se continua le lendemain matin, devant une assemblée un peu moins compacte, et fut suivi de deux huis clos, l'un immédiat, l'autre ultérieur, auxquels je pris certainement plus de plaisir que Painlevé, que le colonel Goubet et que Malvy. A l'occasion du premier huis clos, Painlevé fut inénarrable. Il voulait lire un papier. Or, un témoin n'a le droit de lire aucun papier et le procureur général le fit observer, paternellement, à Paul-Prudent; aussitôt, le basset, soufflant dans son nez, jura que cette lecture serait à la fois courte et édifiante. A quoi le président Dubost répliqua que là n'était pas la question, que toute lecture était interdite. En l'absence du public profane (si l'on peut dire) les sénateurs-juges commençaient à rigoler ferme, d'autant plus que Painlevé, tirant son papier de sa poche, puis l'y remettant, puis l'en retirant, avait une mimique des plus joyeuses. Deux sénateurs qui m'étaient hostiles, du nom de Bepmale et de Debierre, et qui lui étaient favorables, trouvèrent le moyen d'augmenter encore l'hilarité. La nouvelle de la victoire avait mis tout le monde de bonne humeur, excepté Malvy et ce pauvre Painlevé.

Dès la seconde audience, Malvy s'était fait à ma vue et adoptait une attitude instable, oscillant entre le mépris feint et l'indignation, à peine moins théâtrale. Il lui avait poussé sur le visage un rictus, découvrant les dents très blanches, dans une face d'hyène en chaleur. Bon Dieu, qu'il était affreux ! Craignant de me laisser entraîner par une prévention quelconque, je demandai par la suite à quelques spectateurs et spectatrices ce qu'ils en pensaient, notamment à notre grande amie, Mme de Mac-Mahon, qui est très physionomiste. Elle voulut bien me déclarer qu'elle n'avait jamais vu une face humaine aussi symptomatique. C'est l'expression populaire : laide comme le péché. Quelques jours plus tard, il était grisâtre et faisait l'effet d'un condamné, attaché à un poteau invisible. Sans doute distinguait-il, derrère le tribunal (car c'était en somme un tribunal), le spectre de son complice, de sa victime : Bonaventure Vigo, dit Almereyda.

L'avis général était qu'il ne pouvait pas ne pas être condamné, après la foudroyante déposition des fonctionnaires du ministère de l'Intérieur, notamment de MM. Moreau et Perette, des chefs de la police militaire, du général Clergerie, du commandant Baudier, et du lieutenant Bruyant, du grand quartier général. Cette condamnation souffletterait d'ailleurs les quatre anabaptistes présidents du Conseil, qui avaient défendu l'accusé : Viviani, Briand, Ribot et Painlevé. Mais l'avis général était aussi que le châtiment serait infiniment au-dessous du forfait et vraisemblablement dérisoire, attendu que le Sénat est une juridiction politique et que Malvy était un des deux chefs de la majorité radicale à la Chambre. La cote mal taillée demeurait la solution vraisemblable. En effet, après de nombreuses audiences et une longue délibération, les sénateurs-juges, à la date du mardi 6 août 1918, rejetèrent l'accusation de complicité de trahison (que soutenait le procureur Mérillon), retinrent les attendus de cette accusation et condamnèrent bénignement, pour forfaiture, le Judas du ministère de l'Intérieur à cinq années de bannissement. C'était pour rien, eu égard aux sacrifices humains innombrables qu'avait provoqués ladite « forfaiture ».

Attendu que des déclarations contenues au précédent arrêt de la Cour, en date de ce jour, il résulte que Malvy agissant comme ministre de l'Intérieur a, dans l'exercice de ses fonctions de 1914 à 1917,

méconnu, violé et trahi les devoirs de sa charge
dans des conditions le constituant en état de forfaiture et encouru les responsabilités criminelles prévues
par l'article 12 de la loi du 16 juillet 1875;

PAR CES MOTIFS,

Condamne Malvy à cinq années de bannissement;
Le dispense de la dégradation civique;
Le dispense de l'interdiction édictée par l'article 19
de la loi du 27 mai 1885;
Le condamne aux frais envers l'État liquides à
1.585 fr. 65 centimes plus 30 francs pour droits de
poste;
Fixe au minimum la durée de la contrainte par
corps s'il y a lieu de l'exercer;
Ordonne que le présent arrêt sera imprimé, publié,
affiché partout où besoin sera;
Ordonne qu'il sera notifié sans délai à l'accusé par
le greffier de la cour.

Quelques jours après, Malvy prenait le train
pour Saint-Sébastien, accompagné à la gare par
quelques rares fidèles. En dépit de l'arrêt, sa
« dégradation civique » était au comble.

Maurice Talmeyr, qui rendait compte du
procès de Malvy dans *l'Action française*, avec
l'immense talent qu'on lui connaît, a tracé, de
cette dernière audience, un portrait à la Goya
et fort exact. Je ne résiste pas au plaisir d'en
publier ici ces quelques lignes, qui montrent
la sérénité de nos braves crocodiles, tirés de
leur ordinaire assoupissement :

Cinq ans de bannissement !...

Jamais on ne pourra dire malgré quelles menaces de toutes sortes, quel déploiement de cris et de chantages, le Sénat a prononcé cette peine. Pendant tout le cours des débats, un certain nombre de sénateurs semblaient, à la lettre, avoir fait on ne sait quel serment diabolique d'empêcher la condamnation par n'importe quels moyens. Quelquefois, ils se livraient à de véritables gesticulations épileptiques. D'autres fois, ils sortaient tout à coup de la salle comme des fous, les poings serrés et les yeux hors de la tête. Brusquement, on voyait un être se dresser furieux à son banc, et prendre une voix de possédé pour poser à un témoin, qui en restait abasourdi, les questions les plus insignifiantes. L'un de ces déchaînés, d'après un propos colporté dans les couloirs, était même allé, dans un instant de démence, jusqu'à menacer de venir siéger avec son revolver. Tous ces furieux siégeaient plutôt à gauche, mais quelques-uns d'entre eux s'étaient disséminés dans toutes les parties de l'hémicycle, et correspondaient de loin entre eux par des gestes télégraphiques, comme les claqueurs dans les théâtres ou les compères du pari mutuel sur les champs de courses !

Dans les tribunes, la conjuration ne faisait pas moins rage. Quelques-unes, surtout dans les derniers jours, paraissaient, comme on dit, avoir été « faites ». Presque tous ceux qui s'y trouvaient s'y connaissaient, s'y excitaient mutuellement à manifester, et ne laissaient pas passer une phrase du Procureur général, de l'avocat ou du président, sans intervenir soit pour critiquer, soit pour approuver, par des interruptions éhontées.

J'attendais le résultat dans le Luxembourg désert (à cause du prétendu canon boche à longue portée), mouillé d'un récent orage, embaumé de verdure humide et de fleurs. J'étais à peu près seul, ayant dans les yeux un soleil oblique, sous un nuage orangé et qui faisait flamboyer les vitres du palais, où s'achevait le drame. Je sentais parfaitement, qu'en toute cette affaire, je n'avais été que l'humble instrument de la Providence, que la parole irritée des morts en surcroît. Je revoyais en pensée tous les stades de cette vaste et retentissante affaire, les quatre années qui venaient de s'écouler, et, refoulant des larmes inopportunes, je priais... Quelques minutes plus tard, j'étais fixé. La mine, accablée ou irritée, des sénateurs malvystes, sortant de leurs délibérations, était à peindre. Je fis signe à une auto et cinq minutes après, au journal, je serrai la main de Maurras, de tous nos amis et collaborateurs.

Les 8, 9 et 10 août, l'armée allemande s'effondrait, comme nous l'avons su depuis par le témoignage de ses commandants en chef, et notamment du plus qualifié de tous, de Ludendorff. Montdidier (dont le nom rappelait la terrible ruée boche du 21 mars précédent) était repris et dépassé de dix kilomètres. Deux divisions de la garde prussienne se rendaient sans combat. Voici les deux communiqués alliés de la soirée du 9 août, jour où cessa de tonner Bertha sur Paris :

Le communiqué britannique d'abord; il respire la joie et, dans sa dernière ligne, une sorte d'étonnement enivré :

Dans la matinée, l'armée alliée a renouvelé son attaque sur la totalité du front de bataille au sud de la Somme.

Elle a progressé sur tous les points, en dépit de la résistance croissante de l'ennemi.

Les troupes françaises, étendant leur front d'attaque vers le sud, ont pris le village de Pierrepont et le bois qui est au nord. Au nord et au nord-est de cette localité, les troupes françaises ont fait de rapides progrès et réalisé une avance de plus de quatre milles.

Sur le front de la 4e armée britannique, *les troupes canadiennes et australiennes se sont emparées, avec un entrain admirable, de la ligne des défenses extérieures d'Amiens et les ont dépassées sur une profondeur de deux milles,* après un très dur combat en beaucoup d'endroits.

A la fin de l'après-midi, les troupes d'infanterie françaises et britanniques avaient atteint la ligne générale Pierrepont, Arvillers, Rosières, Rainecourt et Morcourt.

Le combat continue sur cette ligne.

Au nord de la Somme, des combats locaux sont mentionnés.

Le nombre des prisonniers atteint 17.000 et nous nous sommes emparés de deux à trois cents canons, y compris une pièce de gros calibre sur rails.

Nous avons pris également des mortiers de tranchées et des mitrailleuses en grande quantité ainsi que d'énormes approvisionnements, du matériel de toute nature, *un train complet de chemin de fer et d'autre matériel roulant.*

Hier, nos pertes ont été exceptionnellement légère.

Le communiqué français est plus sobre, mais bien content aussi :

Poursuivant leur avance à la droite de la quatrième armée britannique, nos troupes ont remporté aujourd'hui de nouveaux succès.

Après avoir brisé la résistance de l'ennemi, nous avons enlevé les villages de Pierrepont, de Contoire, d'Hangest-en-Santerre, au-delà de la voie ferrée, à l'est d'Hangest, nous avons atteint Arvillers qui est en notre possession.

Notre progression dans cette direction atteint depuis hier matin quatorze kilomètres en profondeur.

Outre un matériel considérable, qui n'a pu encore être dénombré, *nous avons pour notre part fait quatre mille prisonniers.*

Nos pertes, comme celles de nos alliés britanniques, sont particulièrement légères.

Sur la Vesle les troupes américaines se sont emparées de Fismette, où elles ont fait une centaine de prisonniers.

Je tiens de nombreux amis combattants que la nouvelle de la condamnation de Malvy, aussitôt connue, avait produit au front un effet foudroyant. Cet effet eût-il été plus décisif encore si Malvy avait été condamné à mort et exécuté illico, comme il le méritait? Je le pense, sans pouvoir, bien entendu, l'affirmer. Ce que je sais, par exemple, c'est que jamais je n'ai reçu une pareille trombe de lettres et de télégrammes de félicitations, qui se succédèrent, pendant quinze jours, sur mon bureau, à la façon d'une avalanche. Nos camelots du Roi, aux armées (il y en avait des milliers, en dépit des pertes terribles dont témoigne leur *Livre d'or*) faisaient des conversions « à la pelle », m'écrivait l'un d'eux. L'effondrement de la trahison allait de pair, comme dans les tragédies bien réglées, avec le frisson de la victoire. Jusqu'à *la Gazette de Lausanne* qui écrivait, le 9 août 1918 : « On savait bien déjà que la France est puissante. On sait aussi, depuis que M. Malvy est condamné, qu'elle est juste. »

Les braillements et braiements des derniers tenants du traître exilé se perdaient dans le bruit de la victoire. On sait comment celle-ci continua de s'élargir et de progresser (sans une heure de défaillance) du 10 août au 4 octobre, où l'Allemagne demanda la paix, puis du 4 octobre au 11 novembre, date de l'armistice. Ainsi finit l'hécatombe de quatre ans. Malheureusement Clemenceau (dont la demi-énergie politique suffit à déterminer la victoire) ne connut pas, dans son ampleur, le délabrement du moral ennemi depuis la dégermanisation du ministère de l'Intérieur français, et la disparition de ses deux journaux : *l'Éclair* de Judet et *le Bonnet rouge*. Il ne le connut pas et l'état-major allié, trop occupé à marteler et fracasser l'ennemi (suivant une méthode à la Descartes) ne le connut pas davantage. Ce n'est d'ailleurs pas l'affaire des militaires, si grands soient-ils, de calculer la portée politique de leurs coups, ni le bénéfice que leur gouvernement peut en retirer. Clemenceau connaissait les Anglo-Saxons, mais il ne connaissait ni les Allemands, ni l'histoire d'Allemagne et il eût bien fait, sur ce point, de consulter quelqu'un comme Bainville qui a écrit ce chef-d'œuvre : *Histoire de deux peuples*. Bainville lui eût appris que l'Allemand, son arrogance une fois brisée, tombe au-dessous de tout autre peuple. Il lui eût appris aussi que l'arrogance, comme la détestable unité allemande, se brise en un seul endroit : à Berlin.

Aujourd'hui, trois points semblent établis, conformes à la tradition et au bon sens.

1º L'armistice était prématuré. Il a manqué un Sedan allemand. Or, ce Sedan était certain et imminent;

2º La paix véritable n'est acquise que si l'armée victorieuse occupe la capitale ennemie;

3º C'est au moment de l'armistice et dans le désarroi de la défaite, que doit être exigé, de l'ennemi vaincu, le premier et le plus fort versement d'indemnité réparatrice.

RÉFLEXIONS
EN MANIÈRE DE CONCLUSION.

L'histoire dira que l'État républicain a laissé
venir la guerre européenne de 1914-1918 sans
s'y préparer, sans rien faire pour l'empêcher. Il
s'est laissé surprendre par elle, au moment le
plus défavorable pour le pays, alors que la majorité de la Chambre était pourrie de germanophilie; alors que d'importantes portions du
territoire étaient aux mains de grands industriels allemands; alors que la route de l'invasion
imminente était jalonnée d'agents allemands;
alors que d'influents établissements bancaires,
en France, étaient aux mains des financiers
allemands; alors qu'au sommet de la police
(préfecture de police et sûreté générale) se
trouvaient des accointances et des connivences
allemandes. Ajoutons à ceci que le haut enseignement de la Sorbonne subissait les méthodes
allemandes, la philosophie allemande, les directives allemandes; que la prétendue morale
laïque était, en réalité, une morale protestante

recouvrant le matérialisme apatriote, ou anti-
patriote, de l'enseignement primaire. Telle était,
sans charger les couleurs, — et bien au contraire,
— telle était la situation exacte, quand je l'ai
dénoncée publiquement, dans *l'Action française*
et dans *l'Avant-Guerre*. Telle elle était demeurée,
légèrement aggravée du côté politique et parlementaire dix-sept mois après l'apparition de
l'Avant-Guerre, au début d'août 1914, quand la
guerre éclata. Ceci sans parler des collusions de
presse avec l'Allemagne, prouvées quant au
Courrier européen, au *Bonnet rouge*, à *l'Éclair*
de Paris, pour ne citer que ces trois journaux.

Il n'est aucunement douteux, à mon avis, que
la présence d'une créature de Caillaux, connue
d'eux (Malvy) au ministère de l'Intérieur, ait
décidé l'empereur allemand et le grand état-
major à nous déclarer brusquement la guerre.
Tout ce que j'ai appris, au cours d'une longue
enquête, poursuivie encore aujourd'hui, m'a
confirmé dans cette opinion. J'en ai la certitude
morale. Je ne désespère nullement d'en avoir,
un jour, la preuve matérielle. Les dirigeants
allemands, civils et militaires, s'imaginaient,
qu'ayant les clefs politiques de la Chambre, ils
souperaient à Paris, avenue des Champs-Élysées,
quinze jours après la déclaration de la guerre.
Ils avaient compté, 1º sans le haut commandement français, infiniment supérieur au leur, et
qui allait le prouver, une fois réparée la gaffe

initiale (due à Viviani) du recul de dix kilomètres; 2º sans la dictature bienfaisante de Joffre et l'exode des politiciens épouvantés, Malvy compris, à Bordeaux. Mais, c'est la résistance imprévue de la Belgique, jointe à l'entrée en ligne de la flotte anglaise, barrant la Manche, qui a permis à ces deux avantages de jouer, du côté français.

La permanence, l'inamovibilité d'un Malvy, sous les divers changements de ministère, pendant les trois premières années de la guerre (alors que rien, du côté français, ne légitimait une telle faveur, ni une telle exception) posent le problème le plus singulier de l'histoire politique de la guerre : le problème de la connivence de certains directeurs des services de la police française et de l'ennemi. Cette permanence et cette inamovibilité démontrent, en tout cas, l'aveuglement et l'imbécillité des quatre présidents du Conseil, qui ont précédé Clemenceau, et qui sont Viviani, Briand, Ribot et Painlevé. On s'explique ainsi la défense, absurde et désespérée, que ces quatre incapables ont faite, de Malvy devant la Haute-Cour, et qui n'a pas réussi à sauver Malvy. Ils ne pouvaient s'excuser qu'en disculpant Malvy.

Quand les politiciens revinrent de Bordeaux, la guerre se trouva ainsi définie : réelle dans la zone des armées ; inexistante, ou tournée contre la nation, en arrière de la zone de nos armées,

sur notre propre territoire, sur la partie sauve-
gardée de notre malheureux sol. La seule influence
officielle, capable de contre-balancer celle de la
trahison d'État, eût été celle du Président de la
République, patriote et Lorrain, Raymond Poincaré. Malheureusement la Constitution ne donne,
en une telle occurrence, au Président de la
République aucune possibilité, ni aucun moyen
d'intervention. C'est un des griefs les plus acca-
blants que l'on puisse faire, — parmi tant
d'autres, — au régime démocratique. C'est cette
considération qui détermina *l'Action française*
à prendre en mains, très rapidement, cette
question vitale de l'espionnage en temps de
guerre et à dénoncer, dès les premiers mois de
l'année 1915, les racines, non extirpées et
demeurées vivaces, de la trahison d'avant-
guerre.

Le premier adversaire que nous rencontrâmes
devant nous, en cette occasion, et qui se démas-
qua sottement, par l'interdiction de mes conférences (alors qu'il autorisait celle des révolutionnaires et de Sébastien Faure) fut Malvy.

Dès qu'ils sentirent leur conjuration surveillée,
Caillaux et Malvy mirent en ligne contre nous
le Bonnet rouge et leur police spéciale. Dans le
même temps, le grand quartier général allemand
déchaînait contre nous *la Gazette des Ardennes*.
A ce moment, un certain nombre de fonctionnaires de police, patriotes et comprenant le

danger que la chaîne politique Caillaux-Malvy faisait courir à la défense nationale, me documentèrent, ainsi que mon second, dans cette lutte, Marius Plateau. Sans eux, nous n'aurions pu, Plateau et moi, atteindre le mal à sa source même, au cabinet de Malvy, et nous eussions erré pendant longtemps. Il est clair que chacune des offensives françaises et. alliées, combinées avec tant de soin, en 1915, 1916, 1917 (en vue de la libération du territoire et de l'achèvement de la victoire n° 1 de la Marne) était vouée à un échec certain, du fait que l'ennemi était prévenu. La voie principale de communication a été déterminée dans les pages qui précèdent. Je n'y reviens pas. Si, demain, l'Allemagne entamait contre la France une guerre de revanche, elle chercherait de nouveau à utiliser, chez nous et contre nous, la presse demeurée favorable et dévouée à ses intérêts, et que j'appelle la presse de l'Antifrance. Celle-ci, hélas ! n'a pas disparu.

L'origine d'un si grand mal (et tel qu'on aurait de la peine à lui trouver un précédent au cours de l'histoire) tient à la mesure prise, en septembre 1899, par Galliffet, ministre de la Guerre, que conseillait son président du Conseil, Waldeck-Rousseau, dreyfusien passionné : cette mesure consistait à annihiler, en fait, notre deuxième bureau des Renseignements au ministère de la Guerre (qui avait fait condamner

Dreyfus) et à lui substituer la police civile. La police militaire est, par définition, inaccessible aux tentations de l'argent. La police civile ne le fut pas. Plusieurs policiers français furent introduits dans des affaires allemandes, avant la guerre, affaires d'apparence fort innocente, mais qui créèrent des liens multiples, des courroies de transmission dangereuses. Cela, Maurras l'avait prévu, comme le reste. A maintes reprises, avec sa lucidité de vues habituelle, ce grand génie de gouvernement avait annoncé au gouvernement républicain les catastrophes redoutables qui sortiraient de la fatale mesure en date du 5 septembre 1899. On peut dire que ladite mesure était grosse de l'affaire Malvy, tant il est vrai que la sottise engendre la sottise, l'aveuglement l'aveuglement, et la trahison la trahison.

La défense victorieuse de Verdun, de février à octobre 1916, est quelquefois mise en avant, par nos rares contradicteurs (et de plus en plus rares, à la Chambre comme dans la presse, car les faits sont les faits), ainsi qu'un argument en leur faveur et contre notre démonstration : « Comment se fait-il (demande cette engeance) que la trahison dont vous parlez n'ait pas fonctionné à ce moment-là et fait tomber la place? » La raison en est simple : dès le début de l'attaque de Verdun, nous déclenchâmes, de notre côté, à *l'A. F.*, une offensive d'une extrême violence contre *le Bonnet rouge* et ses protecteurs et protégés, notamment contre le docteur fraudeur et embusqué Lombard, chef de bande et embusqueur de bandits, dont le procès venait, précisément à ce moment-là, devant le troisième conseil de guerre de Paris. Traqués chaque jour à la *Revue de la Presse* et parfois dans plusieurs articles, Almereyda et ses collaborateurs écumaient... en vain. Ce fut aussi l'époque du procès de l'Allemand Reiss à Barbizon, qui fit un bruit énorme, et où le tribunal de Melun, patriotiquement, nous donna raison, alors qu'à Paris, en pleine guerre, le président de Valles, homme « bien pensant », donnait raison à Almereyda contre nous. C'est à l'occasion du procès Lombard que parut pour la première fois, en pleine lumière, le nom du capitaine Bouchardon, et que notre ami Raymond Maignien de Mersuay, avocat des camelots du Roi, mort depuis, me disait : « Vous verrez que Bouchardon est un homme d'une perspicacité extraordinaire et qui fera parler de lui. » En effet ! La prédiction s'est réalisée à la lettre. Dans le même temps venait, devant le conseil de guerre de Marseille, l'affaire scandaleuse de l'armateur Théodore Mante, d'où celui-ci sortit condamné et déshonoré. Ces procès, en surexcitant les passions patriotiques, empêchaient Malvy et sa bande de rendre aux assaillants de Verdun les services qu'ils auraient bien voulu leur rendre. La censure elle-même, hébétée par notre insistance, n'osait pas, ou ne voulait pas intervenir, et nous apprenions que Malvy, au Conseil des ministres, se plaignait amèrement de son indulgence à notre endroit.

Mais ce n'est qu'en 1917 que devait avoir lieu l'ouverture du vaste abcès, à laquelle succéda immédiatement le cabinet Clemenceau, par qui fut rendue possible la victoire. Il ne dépendit pas de *l'Action française*, malheureusement, que cette victoire eût un lendemain. Maurras et Bainville firent des efforts désespérés pour rappeler au sentiment de l'intérêt et de l'indépendance de la nation le glorieux vieillard, aux idées fausses, qui avait mis l'Allemagne à terre et qui ne sut pas en profiter. Les campagnes pour le démembrement de l'empire allemand, que mena *l'Action française*, au milieu d'un silence éminemment républicain, complétaient nos campagnes d'avant-guerre et celles du temps de guerre. La collection de notre journal est ainsi le plus éclatant témoignage de la clairvoyance des royalistes, opposée à l'aveuglement systématique des meilleurs parmi les républicains. Le motif en est simple : les royalistes ont une doctrine et un chef, alors que les républicains n'ont pas de doctrine et se repaissent des luttes entre clans. Ce régime est une écumoire, qui a laissé fuir le succès dû à l'excellence des armées de la France.

Il y a encore autre chose, dans le domaine

des impondérables. Et cette autre chose a servi la trahison. L'Allemagne, la Prusse surtout, est le pays de Luther et de Kant. Tout l'impérialisme pangermaniste est sorti de Fichte, dérivé de Luther et de Kant. Mais chaque anticlérical, en France ou ailleurs, se trouve avoir deux patries, au moins intellectuelles : la France et l'Allemagne. De là, l'exubérante germanophilie d'un Michelet, d'un Quinet, d'un Renan. On dirait que, depuis Voltaire, ce qui combat Rome demeure amicalement tourné vers la Prusse, et l'on n'a pas oublié les illuminations des républicains parisiens, au soir de la nouvelle de Sadowa, qui, cependant, nous annonçait 1870. Les meilleurs républicains, au lendemain de Sedan, constatèrent avec une joie ironique que « les armées de l'Empire étaient battues ». Cette affinité des anticléricaux (c'est-à-dire des républicains radicaux français) pour le germanisme mental et sentimental, a poussé le gouvernement du craintif et perfide Ribot à éluder, pendant la guerre, les possibilités de paix séparée avec la catholique Autriche. Elle a amené Clemenceau et ses collaborateurs du traité de paix à respecter l'unité allemande (cause éternelle de guerres et d'invasions) et à morceler l'Autriche-Hongrie. C'était l'opération exactement contraire que commandait l'intérêt français.

Ainsi s'explique l'état de malaise politique

que manifesta le milieu républicain français,
au cours d'une guerre prolongée, totale, oscil-
lante entre l'arrière et l'avant, et où il fallait
combattre (et combattre à fond) le peuple du
Kulturkampf et du « Los von Rom ! ». On aurait
bien voulu, en haut lieu, que cette lutte gigantesque fût limitée aux armées et n'entraînât
pas, dans sa giration, tout un système de conceptions areligieuses, philosophiques, matéria-
listes, criticistes, etc... commun à l'anticatho-
licisme parallèle des dirigeants français et prussiens. Le caillautisme et le malvysme (au lieu
d'apparaître comme la trahison qu'ils étaient
en effet) apparaissaient à beaucoup comme une
attitude, non seulement excusable, mais commode, et que le dogme républicain expliquait.
Au fond, l'anticléricalisme français, craignant
pour l'avenir de ses lois laïques, dans le cas d'une
victoire trop complète de la France, souhaitait
la paix blanche : la paix sans vainqueurs, ni
vaincus.

Cette équivoque apparaît encore nettement,
dans l'attitude actuelle des partis de gauche à
la Chambre nationale du 16 novembre. C'est
avec une bizarre souffrance de l'esprit (manifeste dans la flagrante incohérence de leurs
votes) que ces partis s'associent à l'œuvre patriotique, aux décisions préservatrices de la majorité, vis-à-vis de la Prusse, demeurée insolente
et guerrière. On sent qu'ils ne s'avancent qu'à

contre-cœur dans le chemin des réparations dues. Ils préfèrent encore leur haine du clergé de chez eux (régulier et séculier) à la sauvegarde du territoire. L'Allemagne, en dépit de ses ravages et de sa fureur meurtrière, est demeurée, à leurs yeux, le pays de la Réforme et du libre examen ; et ils continuent à rêver d'un impossible rapprochement franco-allemand, qui ne pourrait être, en l'occurrence, qu'un sanglant rapprochement franco-prussien.

Ainsi s'impose une conclusion cruelle, mais qu'il est impossible de ne pas formuler : si, par malheur, la République dure en France, l'hécatombe recommencera, et elle recommencera à bref délai. La démocratie appelle la guerre exhaustive, la guerre totale (et de plus en plus féroce) de la même façon que l'aimant attire le fer. Dans le cas présent, cet appel historique est multiplié par l'appétit de la revanche allemande, joint au maintien de l'unité sous la Prusse. J'ai écrit le présent ouvrage, afin de mettre les pères de famille français, — et tous les esprits capables de juger autrement qu'à la façon des perroquets, — en présence de la réalité. Si d'autres leur disent le contraire, ils leur mentiront,

FIN

TABLE DES MATIÈRES

L'ŒUVRE

DE

LÉON DAUDET

La Nouvelle Librairie Nationale publie depuis dix ans les ouvrages de Léon Daudet.

On sait que le célèbre polémiste a pris l'une des premières places dans les lettres contemporaines.

Dans la littérature, la critique, la politique, la philosophie il a donné des œuvres qui sont au premier plan, qu'elles soient animées par la verve rabelaisienne renouvelée, la pénétration psychologique du philosophe et du médecin ou la fougue du polémiste.

La bibliothèque de tout homme cultivé doit comprendre les principaux livres de Léon Daudet qui font corps avec l'histoire contemporaine comme

L'AVANT-GUERRE
LES SOUVENIRS
LES DICTS ET PRONOSTIQUA-TIONS D'ALCOFRIBAS DEUXIÈME
LE STUPIDE XIXe SIÈCLE

Les ouvrages de Léon Daudet sont en vente dans toutes les bonnes librairies.

Pour les envois franco ajouter 10 0/0 aux prix indiqués.

1° L'ŒUVRE DE GUERRE

Avant et pendant la guerre, le grand patriote, sans souci des injures, des haines, des calomnies, n'a cessé de dénoncer les espions et les traîtres installés jusque dans les conseils du Gouvernement.

Ont paru :

L'AVANT-GUERRE (58ᵉ mille).

> Document de premier ordre. (*L'Intransigeant.*)
> Admirable cri d'alarme. (*Le Figaro.*)
> Cri du patriotisme le plus clairvoyant et le mieux informé. (*Revue Hebdomadaire.*)

Un volume in-16. . . . . 7 fr.

LA GUERRE TOTALE (12ᵉ mille).

> Livre d'une haute portée, plein de courage et de patriotisme. (*Revue des Deux Mondes.*)

Un volume in-16 . . . . 5 fr.

HORS DU JOUG ALLEMAND (11ᵉ mille).

> Livre lucide et vigoureux qui donne à réfléchir. (*Les Études.*)

Un volume in-16 . . . . 5 fr.

LE POIGNARD DANS LE DOS (11ᵉ mille).

> Notes sur l'affaire Malvy, pleines de détails, de traits savoureux, de franchise et de vérité. (*La Renaissance.*)

Un volume in-16 . . . . 5 fr.

L'ŒUVRE LITTÉRAIRE

La Nouvelle Librairie Nationale a réuni les quatre premiers volumes des *Souvenirs* de Léon Daudet en un volume unique, véritable livre de bibliothèque, premier volume de la très belle édition des *Ecrivains de la Renaissance Française*.

Ce volume forme un bel in-8° carré de 644 pages, imprimé par Hérissey sur beau vélin fabriqué spécialement par les papeteries Navarre, en IX-Renault, caractères neufs, avec un index des noms cités.

LES

SOUVENIRS

DES MILIEUX LITTÉRAIRES, POLITIQUES ARTISTIQUES ET MÉDICAUX

contenant le texte intégral de : FANTÔMES ET VIVANTS, DEVANT LA DOULEUR, L'ENTRE-DEUX-GUERRES, SALONS ET JOURNAUX

formant un volume in-8° carré, moins cher que les quatre volumes séparés, sont vendus . . . . . **25 fr.**

LE CHEF-D'ŒUVRE

DE
LÉON DAUDET

LE STUPIDE
XIXe SIÈCLE

25ᵉ MILLE

Le livre dont tout le monde parle.

Le livre qui a soulevé des polémiques dans toute la presse.

Edition originale sur bel alfa teinté. . . . . 10 fr.
Editions à la suite, un vol. in-16 de 320 pages. . . 7 fr.

IMP. DE LA NOUVELLE LIBRAIRIE NATIONALE